次世代リーダーの「仕事観」革命

WAKE-UP CALL

Revolutionizing
the next leaders' view of work

株式会社ドリームインスティテュート
代表取締役社長
上野和夫

Discover BP
ディスカヴァー ビジネスパブリッシング

第1章 時代とともに仕事観はどう変わったか

第2章

仕事観革命
——アプローチの基本視点

第3章 7つのウェークアップコール

第4章 未来の扉を開くための経営者へのメッセージ

イントロダクション

幸せな忙しさか、徒労感か

私はさまざまな企業と協働しておこなう研修事業を通じて、次世代のリーダーとなる多数の若い社員と日々接しています。研修現場でのリアルな発言や仕事に取り組む彼ら・彼女らの姿から想定すると、とても気がかりなことが2つあります。

1つ目が、「楽しく仕事をしているだろうか?」ということです。

多くの人は、好きな仕事、自分で主体的に設計する仕事、成長に結びつく仕事に取り組んでいる時には、どんなに忙しくても、疲れを感じることなく夢中になって取り組むことができると思います。これは幸せな忙しさだからです。反対に、目的が曖昧なまま、義務感だけで意義を感じない仕事に取り組んでいる時は、忙しくなるほど徒労感を感じます。どうも徒労感を感じながら仕事をしている人が多いのです。どうしたら未来の担い手となる若い社員たちが、仕事に意味を見出し、楽しく主体的に取り組めるようになるのでしょうか。

気がかりなことの2つ目が、「少し先のことも考えながら仕事に取り組んでいるだろうか？」ということです。

多くの人たちが目の前の仕事に没頭してしまうあまり、仕事の本来の目的や次の一手について考えることが視界の外側に追いやられているように思います。仕事に一生懸命取り組むことはもちろん大切なことですが、私たちを取り巻く環境は日々変化しているので、次第に最適な状態とはズレが生じてきます。ふと気がつくと、「このままでよいのだろうか？」と悩んでしまうことが多くあります。それでも、目の前の仕事に忙殺されて、なかなか改善に踏み出すことができない人が多いのです。どうしたらこの悪循環から脱して、未来への準備を進められるようになるのでしょうか？

仕事観は「あるべき仕事への道しるべ」

あなたが、その仕事にどのような意味を感じるかは、あなたがどのような「仕事観」を持っているかによって決まります。

仕事観とは、「仕事に対する価値観」「仕事をする目的や意義」「仕事を通じて目指す到達目標」という意味合いを持つ言葉です。

それは、仕事と深く向き合い、全体を大きく見渡しながら、仕事の到達目標や人生のゴールを追求することによって明確になっていきます。あなたがどんな仕事観を持つかによって、「心のベクトルがどの方向に向くのか」「仕事にどんな意味を見出すのか」が決まります。

また、仕事観はあなたが仕事を進める際の「道しるべ」の役割を果たしてくれます。

人が持つ時間と能力とエネルギーには限界があります。だから、未来を考える時には、あれもこれもと小さな改善を総花的に並べるのではなく、思い切り「何をしないか」を決めたうえで、「何にフォーカスして」大胆にチャレンジするのかを決めることが必要です。

こうした「仕事の断捨離」、そして「大胆なシフト」をする時に、「戦略」や「羅針盤」の役割を果たしてくれるのが仕事観です。「こうなりたい」「こうしたい」という明確な仕事観を持っていないと、「これはもうやらない！」と決断する勇気が生まれないのです。仕事観を持つことで、はじめて確信を持って新たな一歩を踏み出すことができます。

仕事観革命って何？

変化が激しい社会や市場に対応するために、私たちは現状から大きく舵を切る必要があります。そのためには、「これまでの古い仕事観」から「未来に通用する新たな仕事観」に転換することが必要です。つまり、これからの時代を担う若い人たちにとって、「仕事観革命」を起こすことが不可欠となっているのです。

仕事観革命は、歴史上の革命のようにみんなで武装蜂起するものではなく、あなた自身の「知的蜂起」です。それには、次のような基本スタンスで挑んでいただきたいと思います。

- 「心のイノベーション」を起こし、自分を支配している仕事に対する古い固定観念を一気呵成に拭い去ること
- 仕事の全体像を見渡したうえで、「こうなりたい！」「こうしたい！」という野心的な挑戦目標を自ら描くこと
- 現状を打破し、未来を創造するために、思い切り発想を転換し、行動に移すこと

仕事観革命を起こすと、変革のリーダーシップが身につきます。それは、どこでも通用する力強いキャリアづくりにもつながります。さらには会社や組織の力となり、社会を変えていく力にもなっていきます。

なぜ今、仕事観革命が必要なのか

会社の組織や人事、そして人々の仕事観は、時代とともに大きく移り変わってきました。高度経済成長から低成長に転換した時、バブル経済が崩壊した時、そしてインターネットやＳＮＳの急速な普及でビジネスが地殻変動した時などには、その都度新しい時代に対応するための経営革新や人事制度改革がおこなわれてきました。その結果、個人の能力や個性を尊重し、フェアな評価尺度で運営する人事の仕組みが徐々に整ってきたと言えます。

しかし、現在、これまでとは異質な地殻変動が起こっています。

人生１００年時代を迎え、先の長いキャリアを見据える若者を中心に、転職をステップとしたキャリア開発が当たり前になってきたことなど、今まさに個人主導型で仕事や会社を選択し、社内外のステージを使って主体的にキャリアを創っていく時代に転換しようとしています。組織に使われるのではなく、組織を使って仕事をする。それができなければ会社を変わってでも方向転換する、という考え方にシフトしています。少子高齢化と総人口の減少で大量人手不足時代の到来が迫ってくる中で、若い世代を中心に今後ますます個人主導型のキャリア開発にシフトしていくという「大河の流れ」は止まりません。これまで人事の問題は、その会社の中だけの問題として、個々の会社で施策を考えてきました。しかし、今は会社の外側も視野に入れて考えなければ解決しない問題に発展しているのです。

従来よりも選択と挑戦の機会が多くなる個人にとっては、どこでも通用する市場価値や高いキャリアを開発していくためにも、仕事観革命を起こすことが必要になります。経営にとっては、人事のパラダイムが個人主導型にシフトすることを前提とした、新たな仕組みをつくらなくてはならない時代に突入したということです。

キャリアは自分で創るもの

個人は、キャリアを自分で創る時代になったことを認識して、到達目標とアクションプログラムを自分自身でつくることが必要です。そして会社は、社員から最高のステージだと思ってもらえる会社になるために、組織運営や人材マネジメントで大きく舵を切る時が来ているのです。

個人も、会社も、未来への準備は進んでいるでしょうか？

人々の仕事観は時代とともに変化してきました。長い間、日本では長期雇用を前提とし、社外情報も簡単には入手できなかったため、自分が所属する会社が人生のすべてと思っていた人が多かったと思います。「社内市場＝労働市場」となり、社員にとっては組織の頂点に近づく競争に勝って出世することが唯一の目標となります。大半の人の仕事観が立身出世（上昇志向）だったと言っても過言ではありません。どこの会社に行っても通用する、市場価値のあるプロフェッショナルを目指すような仕事観はマイノリティだったと思われます。また、キャリアの市場価値を評価するモノサシもなかったのです。

しかし、選択と挑戦を繰り返しながら自分でキャリアを創っていく人生１００年時代には、一人ひとりが自分自身でウェルビーイング（心身ともに健全で幸福な状態が長く続くこと）の実現を目指して、「こうなりたい」「こうしたい」という到達目標とアクションプログラムを描くことが極めて重要になります。

「キャリアは会社がくれるもの」から「キャリアは自分で創るもの」に変化していきます。

キャリアを考える時のセンターポジションにあるのは仕事です。したがって、ビジョンとしての仕事観を持つことが従来とは桁違いに重要になってくるのです。

アプローチの基本視点

私は半世紀にわたって、さまざまな企業や機関の組織・人事・仕事の現場を見てきました。仕事柄、経営幹部から20代の若い人たちまで、幅広い層の人たちと深く接してきました。夢も希望も、悩みや不安も、本音でたくさん語り合ってきました。また、次世代リーダーたちが経営者に現場の生々しい課題や創造的な提案をぶつけていくシーンもたくさん見てきました。人事の現場で多くの人たちと密度濃く接することができたので、組織のボトルネックも人間関係の裏表もたくさん見させていただきました。

人事現場に長く携わってきてつくづく思うのは、いつの時代も、大人たちは時代に合わない古い価値観を引きずっているということです。「変わらなくては」という想いはあっても、「大人の事情」をいろいろ考慮してしまい、なかなか行動に移せません。状況を打破しよう、時代を変えようと挑むのはいつも若者です。高いハードルをやすやすと越えてみせるのも若者です。若者の情熱やパワーは、それまでマイナーだったものをメジャー化させてしまいます。いつも未来は若者が切り拓いていきます。だから、若者が未来づくりの主役になれない会社はいずれ消滅すると思います。役職とか階層とか、組織には分厚い壁がたくさんありますが、経営者と若い社員は、もっともっと一緒に語り合い、一緒に学んでほしいと思っています。そのほうが組織の未来創造はずっと早く進みます。

だから、未来の担い手となる若い人たちには「私たちは組織の中で一番下の階層にいる」という感覚から「私たちこそ未来創造の主役となる唯一無二の存在だ」と心も頭も切り替えてほしいと思います。

本書では、次世代リーダーとなる人たちが、どうしたら慣れ親しんできたクラシック型の仕事観から未来の扉を開くフロンティア型の仕事観に転換していけるのかを一緒に考えていきます。

そして、経営者はどのように発想を転換し、新時代の仕組みをつくって社員のサポートをしたらよいのかということにも踏み込んでいきます。

そのうえで、未来の担い手である読者の皆様にも、経営者の皆様にも、今すぐ覚醒し、行動していただけるよう、「ウェークアップコール」を送ります。

第1章

時代とともに仕事観はどう変わったか

ＷＩＬＬとＭＵＳＴの綱引き

組織や人事の変遷は、社員一人ひとりの思考の自由度を拡大するための改革の歴史と言っても過言ではありません。次のページの図をご覧ください。外側の円（ＭＵＳＴ）は、社会的な制約条件を表します。社会的な制約条件とは、個人の自由な思考や行動をセーブするさまざまな精神的プレッシャーです。一方、内側の円（ＷＩＬＬ）は、個人の思考の自由度です。自分の価値観にもとづいて自由に考える自己実現欲求です。

自分の行く道を自由に考えてよいと言われても、人は社会や組織の中で生きていくので、組織からの無言の圧力を感じたり、気兼ねしたり、忖度したり、負い目を感じたりしながら考えます。そのため、なかなかスッキリとはいかないものです。さまざまなＭＵＳＴと綱引きをしながら、自分のＷＩＬＬを考えるということです。

ざっと１００年くらい前から今に至るまでの長期視点で人々の仕事観を俯瞰してみると、時代とともにＷＩＬＬはどんどん大きくなってきました。なぜ、ＷＩＬＬが大きくなってきたのか。ＭＵＳＴはどう変化したのか、背景には何があったのか――。本章

時代とともに高まってきた個人の思考の自由度

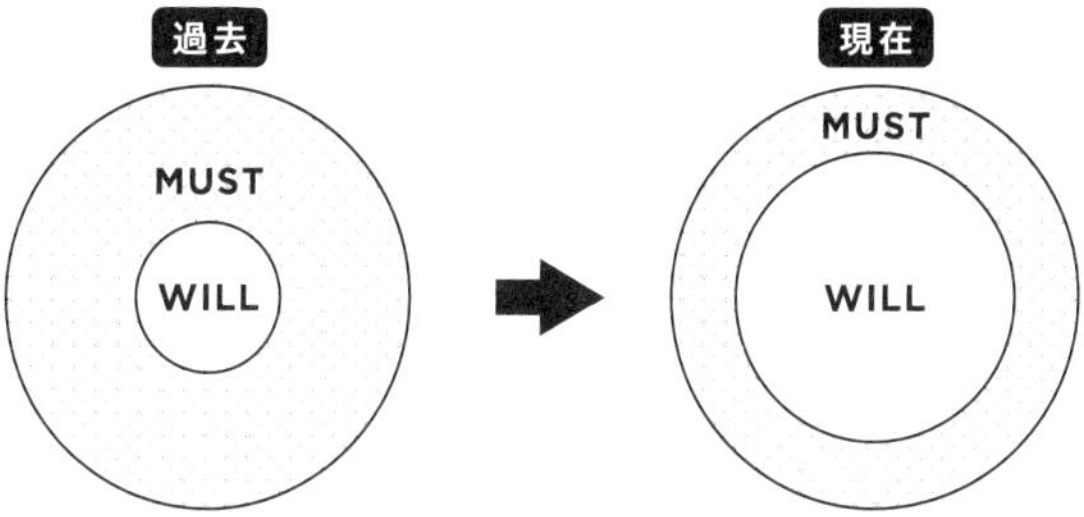

WILL ＝ 個人の思考の自由度
「こうなりたい」「こうしたい」という自己実現欲求

MUST ＝ 社会的な制約条件
個人の自由な思考を妨げるさまざまな要素
（時代の価値観、社会通念、無言の圧力、威圧行為など）

では、その経緯を駆け足で辿っていきたいと思います。

現在と100年前の社会のあり方はまったく異なります。そんなに大昔のことが果たして参考になるのかと思われるかもしれませんが、なぜ、今のような社会になっているのか、の答えは社会の歩みの中にあります。そして、その中で、個人の仕事観はどのように形成され、変化してきたのかを知ることは、皆さんのような次世代リーダーがどのような仕事観を持つべきなのかを考えるうえで大変重要だと思います。では、100年を駆け足で見てみましょう。

100年前の仕事観

組織が人を支配する時代

商人の世界は19世紀までは、小さい頃から丁稚として雇い主の家に住み込みで働きながら商売の基礎教育を受け、一人前になったら支店の出店やのれん分けを許されるという仕組みでした。こうした奉公人になることで、自らの寝床と食い扶持を確保し、給金ももらえるし、商売の基礎教育もしてもらえたのです。雇い主は奉公人が成長したらのれん分けをすることで商売の継承と拡大をすることができ、働く側はそのことにより立身出世の願望が叶うという、当時としては合理的な人事システムだったとも言えます。ただし、奉公人は雇い主に対して、常に恩義を感じ、その結果、滅私奉公となり、「支配する側」と「支配される側」の関係が長く続くシステムだったとも言えます。

20世紀になり、採用数が多くなると、これまでのように住み込みで働くことが難しくなりました。そして徐々に「通勤」と「給料」という現在に近いスタイルに変化していきます。その頃から日本では、基礎教育が整備され、国民が一定の学力を身につけるようになったことで、企業が一から教育する必要もなくなってきていました。

職人の世界でも19世紀までは、まずは親方に弟子入りしました。親方の背中を見ながら技術を自分のものにしていかなくてはならないので、一人前の技術を習得するまでには、長い年月と苦労が伴いました。職人の世界も長い間「技術を持っている人」が「技術を持っていない人」のすべてを支配していたのです。

20世紀になると、工業機械の導入などにより事業規模は拡大していきます。すると、個人の熟練度に頼っていたものづくりが、均質で標準的なものづくりへと移り変わっていきます。親方にすべてを委ねる方式では品質や納期にバラつきが出るので、企業は職人を直接社員として雇い入れることで問題を解決していきました。生活のほぼすべてを親方に握られていた時に比べると、職人の自由度も拡大しました。企業は、技能教育と組織人教育を実施する企業内学校をつくり、企業への忠誠心を高めながら、人材の確保・育成・定着を促進していったのです。

高度経済成長を支える仕事観の土台形成

日本人の道徳観、規律性、忠誠心、忍耐力の高さは世界でも類を見ません。こうした日本人の優位性は、指示命令を忠実に守り、組織を急速に成長させるエンジンになりました。企業内学校でも一生懸命学習に励み、上司や先輩が部下や後輩の面倒をしっかり見る文化も醸成されていきました。日本には、刻苦勉励、粉骨砕身、石の上にも三年など、厳しい環境に耐えながら努力することが美徳とされる言葉がたくさんありますが、こうした実績がベースにあるのです。これらの仕事観と仕組みは、次にやってくる第二次世界大戦後の復興と、それに続く高度経済成長期を支える人事システムの土台にもなっていきました。

50年前の仕事観

高度経済成長期の人事

1950年代から1970年代前半の高度経済成長期は、「頑張れば成果が出る」「会社が拡大し、管理職のポストが増え、昇進する機会も増える」という時代でした。すべての人たちが「今日よりも明日のほうがよくなる」と信じていた時代でもあります。

高度経済成長期を支えた人事システムが、「終身雇用」「年功序列」「企業別労働組合」です。これは日本経済の「三種の神器」と言われています。企業は、組織や上司の号令のもとで有無を言わず素直に働く人材がたくさんほしかったのです。経営者は「一生面倒を見てやるから、ぜひうちの会社に来てくれ」と言って若者を多数採用しました。この時代の給与の仕組みは、職能給という名目はついていますが、実態としては生活保障給と勤続給の要素が大きく、長く勤務すれば少しずつ昇給していく年功序列の考え方で運営されていました。

技術の伝承や事業規模拡大のために人材の定着が最優先課題となり、終身雇用が慣習として定着していきました。社員が人事異動を繰り返し経験しながら上位の管理職を目指すという構図も確立されました。

さらに、企業丸抱え型の福利厚生施策を打ち出し、企業への忠誠心を高めようとします。家族手当、社宅、食事補助などの基礎的な支援をはじめとして、社員旅行、運動会、サークル活動、飲み会に至るまで、すべてに分厚いサポートをおこない、会社に対して家族のような想いを抱かせ、外の世界への憧れを絶つようにしていきます。仕事のやりがいも、仕事以外の楽しみも、すべてが会社の中にありました。こうして若者たちは企業にすべてを委ねるようになります。

そして、三種の神器や企業丸抱え型の福利厚生が日本の各企業で定着したことにより、転職や解雇に対する否定的な価値観が醸成されていきました。

諸外国では、転職や解雇、一時解雇は一般的なもので、選択肢の1つでしかありませんが、超安定的な雇用が実現していた日本ではよからぬ事態であり、全力で回避すべきことだと考えられていたのです。こうした人事制度や組織風土が日本企業のスタンダードとなり、高度経済成長期の日本企業は、企業一家の旗印のもと、売上や組織の規模拡大に向かって、猛烈な勢いで一心不乱にダッシュを続けます。

これらの仕組みは、従業員側としては、企業内で継続して職務を経験していけば熟練度が上がり昇給していくので、将来設計がしやすいというメリットがありました。経営側としても、従業員に未来への希望を持たせやすい、同期生と競い合って切磋琢磨する風土が生まれる、年功を軸としたシンプルな人事管理がしやすいなどメリットが多く、労使双方にとって大変使い勝手のよいものとなっていました。ただし、この仕組みは「高度経済成長による豊かさがこれからもずっと続く」「管理職ポストなど昇進の機会が増え続ける」という前提に立ったものでした。

高度経済成長期から低成長期へ

高度経済成長期は1964年の東京オリンピックの開催と東海道新幹線の開通、1970年に大阪で開催された万国博覧会あたりでピークを迎え、1973年の第一次石油ショックで完全に幕を閉じます。すでに1960年代から公害による環境破壊をはじめとする高度経済成長によるひずみが大きな社会問題になっていましたが、1970年代になると、それまでのモーレツ主義とは逆の価値観を問いかける「モーレツからビューティフルへ」という言葉が流行りました。経済成長一辺倒で走って来た時代から、社会的な問題も考えなくてはならないという、まさに時代のターニングポイントだったのです。

「大きいことはよいことだ」「売上高と従業員数が多い大企業が一流会社」という価値観のもとで、拡大一辺倒だった高度経済成長期を支えてきた日本的ガンバリズムも、1970年代後半に入ると様相が変化してきます。企業の人事は、従来は量の確保がメイン業務でしたが、この頃からは能力や適性を活かす適材適所の配置が求められるようになりました。これまでのように「何でも飛ぶように売れた時代」ではなく、「創意工夫して独自価値があるサービスや商品を提供しなければ売れない低成長時代」となり、男性社員を中心とする年功序列人事では立ちいかなくなったのです。

そして、こうした企業の動きと女性の社会参加志向の高まりで、キャリア志向の女性が増えていきました。また、家計補助だけの目的ではないパートタイマーも増えてきました。生活実感や豊富な体験、専門性を持つ人がパートタイマーとして、雑用や補助業務ではなく、モノを見る目が厳しくなった顧客との接客シーンで最前線に立つようになったのです。女性の仕事観のほうが早く変化したと言えます。

高度経済成長が残した後遺症

低成長期から空前のバブル経済に向かう1980年代になると、時代の空気感は明らかに変化していました。しかし、男性管理職層を中心に、高度経済成長期の後遺症とも言える出世願望だけが先走る仕事観を持っている人たちがたくさんいたのです。

たとえば、大手都市銀行のAさんは、若い頃から役員になることだけを人生の目標にしたため、家庭を犠牲にしてハードワークや宴席のつき合いをおこない、無理がたたって体調を崩し、若くして帰らぬ人となってしまいました。何とも残念な生涯だと思えてなりません。

また、大手食品会社の採用課長Bさんは、ある大学の合同採用説明会で弁舌さわやかに「これからの時代は夢とロマンを持って主体的に行動できる人間が求められます。我が社はそんな人がたくさん活躍している風通しのよい会社です」と演説しました。ところが、説明会終了後の懇親の席でBさんは「俺はしがない私立大学の出身だから会社でうだつが上がらない。やっぱり国立大学でなくちゃダメだ」と学歴による勝手な格付けをするのです。壇上では意気揚々と演説していたけど、実は学歴コンプレックスの固まりで、仮面をかぶっていたことに驚きました。表の顔とあまりにも異なる本心や本音を抱え込んでいるBさんの生き方は苦しいだろうなと思いつつ、出世競争に勝つことを主たる価値観とする当時の大手企業にはありがちな生き方でした。

また、百貨店の部長Cさんが率いる特選ブランド部門は、20か月連続で予算を達成していました。職場会議で「これから30連勝、40連勝していくために、どのような戦略をお持ちですか」と聞かれた時、Cさんは「戦略なんか関係ない。俺が部長をやっている間は連勝だ」と言い、「目指せ30連勝！　エイエイオー！」という掛け声で会議の幕を締めました。今では笑ってしまうようなシーンですが、売れ行きが絶好調だった時代には、学ばない、方針を持たない部長と、そんな部長をまるで経営の神様と賛辞する部下の間で、このようなやり取りが頻繁にあったのです。

次世代リーダーには、このような仕事観を持ってほしくない、このような生き方をしてほしくないという反面教師となるエピソードでもあります。

人事現場の半世紀

私は、低成長時代に突入した直後に西武百貨店に入社しました。最初の配属先は人事部でした。これから私自身の人事現場の経験を交えて、仕事観の移り変わりや企業の人事革新への取り組みをいくつか紹介します。多くは過去の出来事ですが、現在とそして未来に連なっていることなので、皆様の温故知新として役立てば幸いです。

私は、入社早々「人事とは何か？」を考えさせられる出来事と出合いました。その年、新卒ながら、同期生より1か月遅れて5月に入社する男性がいたのですが、中途採用扱いとなり、新入社員の研修を受けられなかったのです。新入社員研修は、半年間にわたり毎月のように集合しておこなわれるので、その人が5月から参加することは、会社と本人にとって何の支障もないはずです。支障がないどころか、研修の目的は、企業の価値を生み出す力を一刻も早く身につけさせることだとすれば、当然参加させるべきだと思います。しかし、当時の教育課長の考えが「定時採用と中途採用では〈格〉が違うので、とにかくダメ！」ということで、参加できなくなってしまいました。何の意味もない、実にくだらない線を引いていることに私は怒り心頭でした。

こうして入社早々、私は会社の人事という世界に疑問を抱きました。しかし、人事部からのお達しというのは「会社の憲法」のような既成概念があり、「なぜそんな線を引くのですか」とは、なかなか言い出せないものです。人事部が人材の仕訳の線を引くと、そこに「心の壁」ができてしまいます。どういう線の引き方をするかによって「会社の文化」がつくられます。線の引き方を決める人事部は、組織風土や企業文化をつくっていく重要なミッションを担っている部門だと思いました。この経験から、私の心の中には「いつの日か、こうした余分な壁を取り払い、率先して手を挙げた人から研修を受けられる仕組みに変えてやるぞ」という熱い想いが芽生えたのです。

若き人事スタッフのアンビシャス！〜「権威主義の人事を破壊する」という野心的目標

日本の多くの会社では長期間にわたり、個人の人事情報は1枚の人事管理台帳に記載され、人事部の書棚に保管されていました。この台帳は人事部だけが見ることができたのです。そんな時代の人事異動や昇進に関する重要事項は、決裁者である経営幹部と事務局である人事部が密談しながら調整・決定していました。すると、多くの社員は経営幹部と人事部の人が小声で話しているのを見るだけで、「自分が人事異動の対象者なのではないか」「どこかに飛ばされるのではないか」と恐怖を感じるようになります。情報がベールに包まれていた時代の人事部は、単なる事務局であっても、このように組織の中で大きな影響力を持っていたのです。

だから、先輩人事マンの中には自分が権限を持っていると勘違いする人もいました。経営幹部とうまくやろうとして、不条理なことでも聞き入れてしまう人もいました。私は「そういうタイプの人事マンにはなりたくない。いつか人事の世界をもっとオープンで、誰もが相談しやすい部門に変えてやる」と、心の中で密かに人事変革の誓いを立てたのです。

ここで、当時の私なりの「五箇条のご誓文」を紹介します。

・経営者に近いという特権を利用する保守本流の経営参謀気取りにはならない
・権力者の意見だけを重視し、現場や少数派を犠牲にしたり、切羽詰まった気持ちで苦しんでいる現場の社員をいつまでも平気で放置したりする冷血な人事はしない
・権謀術数だけに長けていて、経営幹部・労働組合幹部などとの談合上手な寝業師型の人事担当にはならない
・自らの考えや熱い思いがない人、あっても行動に移さない頭でっかちな人にはならない
・担当業務しか目が行かず、周辺の問題に無関心で幅が狭い人事屋にはならない

「事なかれ主義」「寄らば大樹の陰」体質の人事スタッフがいると、組織が濁り水でいっぱいになります。底流に、きれいな水脈がさらさらと流れていなくては、間違った方向に舵取りをされてしまい、組織が正しい方向に進みません。「このままではいけない。今は微力でどう闘っていいかわからないけれど、いつの日か人事行政を革新してみせる」という野心的目標を持ちました。私にとっては、これが入社後はじめて本気のスイッチが入った「仕事観革命」だったかもしれません。

女性活躍社会の「夜明け前」

1975年に西武百貨店が大増床するので、中途採用の募集をかけた時でした。女性の応募者から「既婚者でも応募してよいのですか」という問い合わせがよくありました。多くの女性の中に、企業は「未婚でなければ採ってくれない」「若くなければ採ってくれない」という潜在意識があったのでしょう。

時同じくして1975年に「私作る人、僕食べる人」というハウス食品工業のインスタントラーメンのテレビCMが放送されました。ラーメンが置かれたテーブルの前で、女性が「私作る人」と言い、続いて男性が「僕食べる人」というものでした。このCMが「食事づくりは女性の仕事」という印象を与え、性別役割分業の固定化につながるとして女性団体から抗議を受け、放送中止となったのです。広告がジェンダーの観点から社会的に問題視された最初の事例で、ジェンダー問題の認識を広げる契機となりました。当時の社会は「性別役割分業は差別である」という考え方をなかなか理解できませんでしたが、この件が契機となって、その後「男性は仕事」「女性は家庭」という考え方を見直そうという動きは急速に高まっていきます。

１９８０年代になると、多くの女性たちがもっと自由に自分の人生を生きることができる時代にしたいと考え、さまざまな挑戦を始めます。それにより、この時代は職場環境の改善が進み、従来男性ビジネスマン向けにつくられていた居酒屋、レストラン、レジャー施設、スポーツ観戦、温泉なども、キャリア開発に挑むアクティブな女性をターゲットとしたものに転換していきます。都会の街並みも、女性に好感を持たれるおしゃれで魅力的なものへとどんどん変容していきました。

しかし、日本社会は、現在でもまだまだ本当の意味では男女平等が実現されておらず、従来からの性別役割分業を前提とする考え方や、アンコンシャスバイアス（無意識の偏見）が依然として存在しており、とても根が深い問題です。

現場は急には変わらない

この時代は法律の壁との闘いもありました。女性は、マネジメント職になったとしても休日出勤はできず、定休日におこなう催事の入れ替えは部下の男性だけでやりました。責任者としては悔しくてたまらないと思いますが、これは改正労働基準法前の女性を保護する法律による規制により定められたものです。そのようなこともあり、現場からは「女性なんかマネジメント職にできないよ」という声が噴出します。

真の実力評価主義が定着すれば、価値を生み出す人材が高く評価され、「男性か女性か」「新人かベテランか」などといった、いわゆる「属性」は意味がなくなるはずです。しかし、組織の価値観や文化を根底から変えるには、制度の導入だけでは実現できない根深い問題があります。

たとえば、当時は新卒採用計画について「大卒採用の過半数は男性でなくては何となく心配」という懸念を抱く人がかなりいました。意味がない壁だと思いますが、その壁を越えるには結構時間がかかりました。

お客様も社員も圧倒的に女性比率が高い職場なのに、幹部候補社員だけは男性でなければば安心できない理由は何なのかと問われると、論理的には返答に窮します。それでも、多くの人たちが、男性に対しては「理由なき安心感」があり、女性に対しては「理由なき不安感」があって、それを払拭し切れないのです。そして、次々に女性が過半数になることへの不安理由を並べ立てます。

「転勤できない。遅くまで残業できない。力仕事ができない。だから男性と同じようにハードな仕事は任せられない」「女性は大きな戦略を描くのが苦手であり、ビッグスケールの仕事には向かない」……。これらのことは性別による因果関係はないはずなのに、なぜこういう意見が次々に出てくるかというと、男性の既得権とも言える順送りの昇進や、これまで慣れ親しんだ居心地がいい環境を壊したくないという気持ちが根底にあるからだと私は考えます。だから女性を活用したいという思いはあっても、いざ実行となると躊躇してしまうのです。

この時代は「24時間働けますか!」というテレビCMに代表されるように、男性社員は精神的にも体力的にもいくらでも無理が利くものだと思われているようでした。。上司は組織のノルマを達成するために、長時間労働や接待の宴席につき合い、一緒に危ない橋を渡ってくれる人を求めていました。組織にはちょっとやそっとでは動かない根強い既存パラダイムがあり、従来の価値観や組織風土はそう簡単には変わらないのです。

しかし、そのような精神論的なあり方にも徐々に変化が見えはじめました。その頃はまだごく一部の企業ではありましたが、お客様から評価される人、熱い想いを持って取り組んでいる人、変化に柔軟に対応していける人、メンバーから信頼を得られる人など、価値創造型の人材を育成・活用したほうが年功序列人事よりも生産性が高まることに気づきはじめたのです。

真の女性活躍が実現する組織風土へ

かつて、西武百貨店を中核に、西友、ファミリーマート、パルコ、クレディセゾン、良品計画などが傘下にあったセゾングループのオーナー堤清二氏は、１９８０年代の中盤に人事部と労働組合の幹部に「百貨店はお客様も従業員もほとんど女性です。でも、肝心な女性社員が活躍できているとは思えません。男性は一生働けるが女性は結婚前だけというう状態では女性が活躍する会社とは言えません。妻としての私と矛盾しない、母としての私を拒否しない、そんな働き方をできる会社をつくってください」というメッセージを送りました。

当時、人事改革を通じて社会の常識を覆そうという挑戦的な個性派集団だった西武百貨店人事部では、早速、「それを人事施策として具現化するにはどうしたらよいのだろうか?」という議論が繰り広げられました。その結果、時代の先駆けとなるような人事制度がいくつか導入されました。まずは、残業と転勤に耐えながら管理職の階段を上ることだけが出世街道という構造を変えるため、バイヤー、セールスエキスパート、ショップマスター、マイスターなどの専門職も、大きな成果を生み出せる専門家であれば部長や課長など管理職と同等の処遇をおこなう「全員専門職制度」を導入しました。

また、結婚・出産・子育て・介護などで退職しても、それが落ち着いたらカムバックできる「ライセンス制度」を導入したり、池袋本店に隣接した「企業内保育園」を設置したりなど、当時の女性が担っていたハンデをサポートする仕組みを導入しました。これらは男性管理職至上主義だった当時の社会に大きな一石を投じましたが、「家事や育児は女性が担うものだ」という性別役割分業のパラダイムをぬぐい切れない中で設計されたものでした。

女性社員はカスタマーフロントでお客様が喜ぶ顔や姿を具体的に思い浮かべながら仕事をしているので、感性が研ぎ澄まされ、着実に成果も出していきました。一緒に働く社員

の苦悩も組織運営上の課題もリアルに把握しているので、的確な課題解決力も持っていま
す。彼女たちは周囲の期待に応えようとますます頑張りました。こうして、次第に「頼り
になる存在」の女性社員が増えていきました。そうなると、年功序列での既得権で管理職
に居座っている社員にとって代わるのは当然の帰結です。マネジメント職になる人も次第
に増えていき、女性社員のキャリア志向はどんどん高まっていきました。このような現実
を目の当たりにすることによって、それまでの女性社員に対する理由なき不安感も時とと
もに払拭されていったのです。

優秀な女性社員が活躍するようになると、会社は一気に女性幹部を登用する戦略を打ち
出しました。しかし、せっかくの優秀な女性社員を数合わせで性急な登用をすると、潰し
てしまうことになりかねません。登用後、頭角を現す女性幹部も何人か登場した一方で、
本人から「私には適性がないから降ろしてほしい」という申し出があり、降格を余儀なく
された人もかなり出てきました。

心構え、戦略の立て方、課題解決の仕方、人材マネジメント、何も学んでいませんでし
た。それでは成果を出せません。私は女性幹部を早期登用するのであれば、まずはマネジ
メント職としての仕事観を持たせ、マネジメントノウハウを早期に習得させたうえで登用

したいと考え、能力開発を前提とした計画的な女性登用について課題提起しました。

性別や年齢など属性に関係なく、個人の志向・適性・能力にもとづくフェアな人材登用を実現するには、何よりも本人がマネジメントという職務に対して前向きな仕事観を持てるかどうかにかかっています。そのためにも、登用前の能力開発プログラムにもとづいて、計画的に育成しなくてはなりません。

私は多様な雇用形態の人材がミックスして職場が成り立つ百貨店で、女性社員や契約社員、パートタイマー（短時間労働者）の諸課題に取り組んできました。

その中で痛感したことは、本当の「ダイバーシティ&インクルージョン」（多様な人材を受け入れ、その能力を発揮させる考え方）を促進するには、長い期間で形成されてきた日本の社会通念と個別企業の組織風土が絡んだ根が深い問題の解決が不可欠で、表層的なスローガンやカッコイイ制度、女性登用をぶち上げるだけでは何も解決しないということでした。

30年前の仕事観

リストラの攻防を経て二刀流の人事部へ

1990年代に入ると、バブル経済の崩壊により、組織や人事を取り巻く環境は一転しました。それまで組織の拡大と成長を支えてきた人事部でしたが、ハードな「リストラの攻防」が始まったのです。「攻め」には強いが「守り」には弱い高度経済成長型の人事部。人事スタッフたちは、リストラへの対応を通じて「人事部はどうあるべきか」ということを本気で学びました。

「成長」「拡大」「攻め」を前提として、それを支える人事しか考えてこなかった人事部は、社員の雇止め、降格人事、既得権の喪失、不利益変更などといったテーマに対しては、ほぼ「丸腰」に近かったのです。

労務担当者だけでなく、人事部のスタッフ全員が高名な弁護士のもとで、リストラ対応について猛烈に学習しました。そして、不利益変更をかぶる社員に対して、はじめは横柄な態度、ノー天気な対応をしていた人事部も、その後丁寧な対応をした結果、こうした局面を何とか乗り越えました。

時代は変わる！　いい時ばかりじゃない！　改めて、新規出店や事業の多角化を支えた「攻めのノウハウ」だけでなく、店舗閉鎖や雇止めなどといったリストラの局面で必要になる「守りのノウハウ」も重要だと認識したのです。

リストラの攻防を通じて、みんなで改めて「人事部はどうあるべきか」ということを徹底的に議論しました。

「担当分野別の専門機能を淡々と担っているだけではいけない」
「人材開発戦略や総合福祉計画をカッコよくぶち上げるだけではいけない」
「経営戦略や会社全体を支えている部門だという驕り高ぶりがあってはならない」
「社員一人ひとりが誇りを持って仕事をしていることを認識しなくてはならない」
「本当にフェアな人事とは何か、今の仕組みだけでよいのか、真剣に考えるべきだ」

バブル経済の崩壊は、リストラの攻防を通じて、多くの企業の人事部スタッフに「もっと謙虚になれ、真摯になれ、一人ひとりに寄り添え」「攻めと守りの両刀使いになれ」ということを教えてくれたと思います。人事部の仕事観も変えた時代だったのです。

評価基準が曖昧な時代の人材登用

バブル経済が崩壊し、リストラを断行していた1990年代は、どの企業も、人件費の膨張につながる年功序列人事を崩すために、成果と実力を評価する新人事制度の導入に取り組みました。人事制度を設計する時に前提となる「4つの基本視点」があります。

1 フェア　公正・公平な人事
2 オープン　開かれた人事
3 シンプル　わかりやすい人事
4 チャレンジング　高い目標に向かって挑戦する人事

どの企業でも、このような状態が実現していたら最高だったのですが、これが一筋縄ではいかないのです。その理由は、基準を設けたとしてもまだまだ「個人」に依存した人事登用が蔓延していたからです。

人材を登用する場合、登用の着眼点を大別すると、次の3つの方法があります。

【A】本人の実力や仕事の成果を評価して登用する方法

・役割や責任を果たしている
・予算や目標を達成している
・業務改善に取り組んでいる
・新しい価値を生み出している
・リーダーシップを発揮している
・能力開発に取り組んでいる

【B】人事の属性を重視して登用する方法

・年齢が高い人、入社年次が早い人を先に昇格させる
・本社員をマネジメント職にする
・○年連続業種評価が高かった人を登用する

【C】上司の判断（好み）で登用する方法

・阿吽の呼吸で私の思惑を察してくれる
・つき合いがよい　誘ったら絶対断らない
・私に代わって危ない橋を渡ってくれる
・激しく叱責してもめげずに奔走してくれる
・寝ずに仕事をして、必ず期限に間に合わせてくれる
・接待や宴会の場を盛り上げてくれる

本来であれば【A】の評価尺度にもとづいて、「より大きな価値を生み出す人材」「会社にとって有用な人材」を登用することが当然だと思うでしょうが、その基準が曖昧な場合には、【B】の入社年次などデジタル表示できるモノサシか、【C】の上司好みというモノサシが登用基準となるのです。

【C】のような事例を書くと、「上司にとって都合がよい人材を登用するなんて、とんでもない」と思われるでしょうが、今でも多くの会社で、「裏」の評価尺度が実質的な登用基準になっていると思います。【C】の関係は閉鎖社会の中でこそ成り立つものです。時

代とともに、上司と部下を取り巻く環境が変化していったので、上司好みも年功序列も次第に大きな問題になっていきました。

評価尺度の抜本的転換が求められるように

1990年代の中盤になると、多くの企業が成果主義や実力評価主義を軸とする人事制度に転換しようとしました。とは言うものの、長い間、年功序列をベースとする社内評価尺度で、人材の登用や処遇を決めてきたので、そう簡単には転換できません。正社員、管理職、男性、本社、ホワイトカラー、新卒定時入社、入社年次、勤続年数、高学歴、これらはこれまでの人事の世界では依然として権威となり、これに該当する人たちは幹部候補生としての潜在的な優越感を持っていたのです。社内のモノサシで人事の序列を決めることがまかり通っている限り、いくら美辞麗句を並べてみても、真の成果主義・実力評価主義は根づかないのです。

しかし、バブル崩壊以降、お客様はどんどん「くらしのプロ」になっていきます。マーケットが成熟化する中で、競争環境はますます激しさを増していき、企業は本気でマーケットに通用する「仕事のプロ」を多数育成しなければ生き残れなくなりました。男性・

正社員・管理職をモデルとした内向きの年功序列人事は、マーケットという〝外圧〟によって必然的に崩壊していきました。顧客価値を評価尺度として、人事の仕組みを抜本的に組み替えなくてはなりませんでした。

従来型の人事管理区分（属性）は意味がなくなります。「どのくらい仕事ができるか」「どのくらい価値を生み出せるか」という実力をベースにした「個人差の時代」がそこまで来ていました。非正社員、中途採用、他社からの派遣人材など、多様な人材の協働によるパワーアップ、すなわち、〝ダイバーシティ・マネジメント〟が、企業の競争力強化に不可欠になっていました。

その後、バブル崩壊に伴い、当時多くの企業では年功序列型の賃金体系に代えて、相次いで年俸制や早期退職優遇制度をまるで流行ファッションのように取り入れ始めました。しかし、いくら人事制度の表札を変えても、実際の仕事とリンクさせて、誰もが納得する評価と処遇の仕組みを導入しなければ現場の士気は高まりません。具体的な仕事力・価値創造力にもとづいた制度の設計が喫緊の課題となっていました。

ジョブサイズの導入で「仕事」と「評価」と「処遇」が合致

こうして徐々に、「仕事の難易度や成果責任の重さ」と「個人が背負う役割や目標の大きさ」をはっきりさせながら、実力評価主義の新たな人事制度を導入する企業が増えてきました。

私が仕事をしていた西武百貨店も、そうした新制度の導入に本気で取り組みました。新制度の最大の特徴は、「ジョブサイズ」という考え方の導入でした。ジョブサイズとは、一言で言えば「仕事の大きさ」「職責の重さ」を数値化したものです。職務ごとに、役割、責任、仕事のプロセス、必要となるノウハウの大きさを数値化し、その数値の大きさ（合計点）によって、各職務の等級を定めました。ジョブサイズ測定にもとづく職務等級が、評価・ローテーション・賃金・能力開発の納得性を高める科学的な尺度となります。わかりやすい数値指標があるので、社員は自分自身が担当する仕事の大きさを明確につかめるようになりました。そして「易しい仕事から難しい仕事へ」と将来のキャリア開発の指針としても使えるようになりました。

しかし、新制度導入後、時の経過とともに次第にジョブサイズの位置づけが変わってきました。

お客様の満足度や感動をもっともっと高めたいという挑戦的な視点を持つ人から見ると、各人が担当する仕事の基準（ジョブサイズ）は「できて当たり前」の「ミニマム」にすぎません。お客様にさらに満足していただくためには、当たり前のことを当たり前にやるだけでなく、もっと挑戦的な行動が必要です。そのように考える現場の社員が徐々に増えてきました。

お客様やマーケットのニーズが高まると、求められる仕事が進化します。それに伴って、人事の仕組みを迅速に改善しなくてはなりません。

たとえば、西武百貨店には販売員の教育担当である「トレーナー」という職務がありました。新人事制度のスタート時に、トレーナーが新人にマニュアルをしっかり覚えさせるなど業務運営の標準化を定着させるために導入した基礎的な職務です。したがって、全員を同じ役割、同じ職務等級に位置づけてスタートしました。しかし、人材育成のプログラムが進化するにつれて、次第に新人に基礎を教えるだけでなく、販売の専門家を育てるためにセールスインストラクターも必要となりました。また、後輩トレーナーを育てるため、応用的な指導やカウンセリングができる上級トレーナーも必要になってきました。個々のトレーナーは「いかに現在のジョブサイズを超えるか！」という教育のプロを目指す向上心を持って仕事に臨まなくてはなりません。

しかし、「会社から提示されたジョブサイズの基準通りやっているのだから、それでいいだろう」と硬直的な姿勢で仕事に取り組む人もたくさんいました。これらの柔軟性を欠く人たちは、そこで成長が止まり、どんどん遅れを取っていきました。

このように短期間のうちに、トレーナーという１つの職務がどんどん専門化・高度化していき、人事制度スタート時とはまったく様相を異にしていったのです。お客様のニーズや会社の変化に対応しながら社員一人ひとりが仕事観革命をしていかないと、個人の成長が止まり、組織の硬直化を招くことになるという象徴的な事例でした。

21世紀の幕開け〜現在の仕事観

クラシック型の管理職からフロンティア型のリーダーへ

1990年代中盤までは、高学歴で、博識で、他者を論破する「いわゆる頭のよい社員」が優秀だと思われていました。そういう人たちは、上司から求められた問いに対して、答えを迅速に出すことに長けていたからです。しかし、そのような人の中にユニークな発想の持ち主は少ない印象がありました。安定しきった大企業で、創意工夫を特に必要としない仕事をするのであれば、それでもよいかもしれません。しかし、21世紀はどんな大企業でも常に変化に対応しながら利益を出し続けなければ存続できない時代です。そして、出された問題に解答する力はますますAIやインターネットで対応できるようになります。つまり、人間には博識であることよりも「ユニークな発想でアイデアを生む力」が求められるのです。

このままうまくやり続ければ大丈夫というマインドセットから、「安定などいっさい約束されていない。今後何が起こるかわからない。だから、常に未来を見出し、大きく舵を切りながら乗り切ることが必要だ」という仕事観に転換できないと、会社も個人も「お先真っ暗」になりかねないのです。

私たちが対応しなくてはならない変化には、2つの種類があります。1つは、災害や紛争、パンデミックや経済の地殻変動のように、誰にでも見える大きな変化です。もう1つは、日々少しずつ変わっていく小さな変化、微妙な変化です。後者は、注意深くアンテナを張っていないと見えにくいものですが、小さな変化の予兆を発見することで「終わりの始まり」や「未来のビジネス」が見えてくる大切な変化です。カスタマーフロントの小さな変化を察知することは「私の仕事ではない」と考え、現場に号令をかけるだけのクラシック型の管理職では、組織をけん引できないことは今になってみると自明の理です。時代が進めば進むほど、いち早く大小の変化を察知し、変化の先頭に立って行動できるリーダーシップが求められるようになります。

20世紀末に人材育成の責任者をしていた私は、21世紀を迎えるに当たって、クラシック型の管理職から、変革のリーダーシップを発揮できるフロンティア型のリーダーに転換する仕組みを一刻も早くつくらなくてはならないと感じていました。

クラシック型管理職からフロンティア型リーダーへ

区　分	クラシック型管理職	フロンティア型リーダー
仕事の使命感	業績達成ミッション （何しろ担当業務の業績を上げたい）	社会的ミッション （人や地域や社会の役に立ちたい、喜ばれ感謝される仕事をしたい）
仕事の目線	担当者の目線 （部分最適志向が強い…自分の部署最優先）	経営者の目線 （全体最適志向が強い…常にWin-Winを考える）
自己実現マインド	既存の枠組みの中での優等生でいたい （組織や直属上司から高い評価を得たい）	新しいことに挑戦したい 未来創造型の仕事をしたい お役に立てるなら「出る杭」になることも厭わない
昇進に対する考え方	遅滞なく昇進したい （昇進が遅れたくない、出世競争に勝ちたい）	人と組織を動かして変革を実現できるリーダーになりたい （そのためにもっと上位のリーダー職務に就きたい）
仕事に取り組む起点	組織起点・上司起点 （上司の思惑や指示にもとづいて業務遂行したい）	顧客起点・マーケット起点 （外に目を向けて変化の予兆を感じ取りながら仕事を創造したい）
能力開発の基本スタンス	会社が必要とする技術を習得するのだから会社が研修の機会を用意するのは当たり前	ラーニング&ティーチング志向 （自ら主体的に学びたい⇒学んだことを他者に伝えたい） 自分らしく個性と能力を発揮しながら組織に貢献したい

次世代のリーダーを育成するプログラム

このように組織のリーダーに求められる能力が変わってくると、「ポストが空いたから人を充当する（しかも年功重視の順送り）」という考え方では競争に勝てません。未来の担い手となる若い人たちから見て、公正で挑戦的だと思える人事への転換が不可欠です。それには、能力開発と人材登用を組み合わせて、計画的に次世代のリーダーを育てる後継者育成計画が不可欠でした。

従来型のマネジメント研修のプログラムは、おそらくどこの企業でも同様だったと思いますが、役員や各部署の部長による講義のオンパレードでした。1講師1時間ずつで、1日6時間の研修だとすれば、6人の役員や部長の講義を聴くことになります。受講生からすると「いい加減にしてくれ」と言いたくなるほど話の内容はかぶっています。内向きで視野が狭い管理職は、アウト・オブ・ボックスの視点に欠けるため、話が広がっていかないのです。

私は、このような状態がずっと続いてきた中で、「どうしたら変化の先頭に立って組織をけん引するリーダーを育成できるのだろうか」と悩みました。そして、社内だけで次世代のリーダーを育成するのは無理だと悟ったのです。そこで、戦略と変革のプログラムで最先端を行く一橋大学大学院国際企業戦略研究科（ＩＣＳ）の当時研究科長だった竹内弘高先生に相談に行きました。日本でも次世代リーダーを育成する社内ビジネススクールをさまざまな企業で広めていきたいと考えていた竹内先生と考えが合致し、コラボレーションしてもらえることになりました。そして、竹内先生をはじめとして、楠木建先生、大薗恵美先生などの教授陣に指導していただきながら、次世代リーダー育成プログラムの開発に取り組みました。

マインド・ストレッチ・セッションの誕生

この次世代リーダー育成プログラムでは、次の2つをキーワードにしようということになりました。

1つ目は〝チェンジ・オア・ダイ（＝変革か死か）〟「今こそ変わらなければ！」という熱い想いを持って、変化の先頭に立って、ハイスピードで変革を進めるリーダーを育てようということ。

2つ目は〝アウト・オブ・ボックス（＝越境）〟まずは組織の外に出てみよう。社会や市場の変化を知ってから、改めて組織内部を見つめるマネジメントに転換しようということです。

〝チェンジ・オア・ダイ〟の時代に変化の先頭に立つリーダーを育てるプログラムなので、受講生には質量ともに従来にはないハードな試練が待っていました。

今でも鮮明に覚えていますが、この講座は「あなたが10年後、世界中の人々が読んでいる米国の経済雑誌フォーチュンの表紙を飾るとしたら、どんな内容で掲載されるでしょうか」という竹内先生の問いかけから始まりました。「10年後？」「世界中？」経験したことがない質問に受講生は戸惑い、夢を語ることができませんでした。しかし、ハードな知的トレーニングの繰り返しは受講生たちの仕事観革命を起こしました。

私は2008年にドリームインスティテュートを設立しましたが、私たちの基本メソッドであるマインド・ストレッチ・セッションは、この時の、一橋ビジネススクールとのコラボレーションで実施したセッションにルーツがあります。

現在は、〝チェンジ・オア・ダイ〟と〝アウト・オブ・ボックス〟を重要なコンセプトにして、異業種交流型のビジネススクール「越境して学ぶ未来の学校」を実施しています。

知恵やヒントは「離れたところ」「異質なところ」「会社の外側」にあります。社会をびっくりさせる創造的なアイデアは「社内からは生まれない」と言っても過言ではありません。

受講生たちは、異なるバックグラウンドを持つ異業種企業の人たちとお互いに熱い想いをぶつけ合いながら、「こういうものが世の中にあったらいいね」「うちの会社だけでは実現できないからコラボレーションして価値共創できたらいいね」と率直に話し合いながら、熱い想いをカタチにするための提案づくりに挑戦します。そして、最終日の成果発表会では、これまでにはない市場創造型の提案を発表してもらいます。

市場創造型提案づくりのポイント

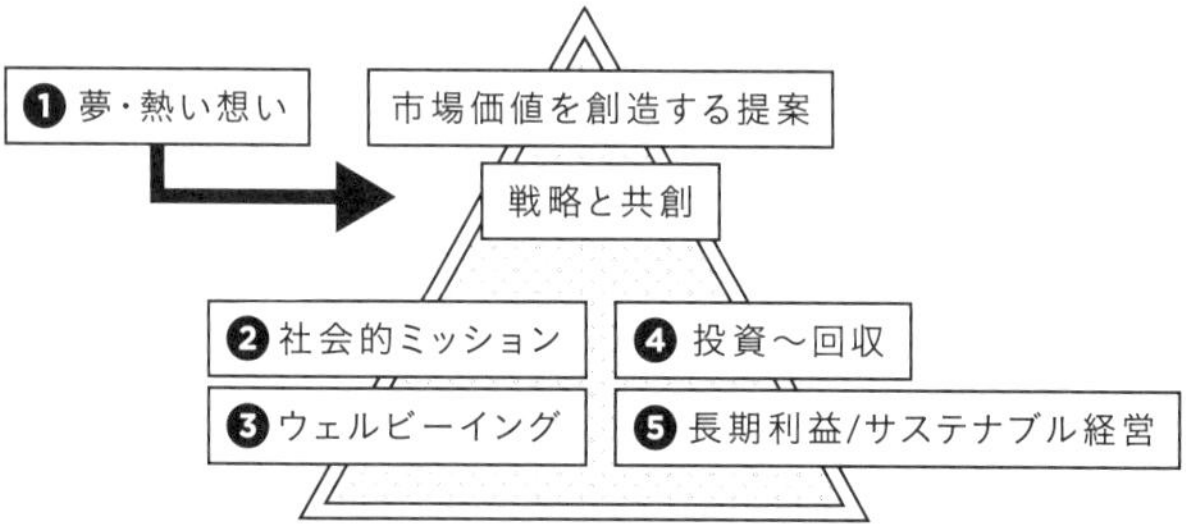

❶ 創造的な提案をつくる時には「夢」や「熱い想い」が
最大のエンジンになる。
率直にぶつけ合って、つぶやきをカタチにしていこう。

❷ 社会的ミッションを果たす提案をしよう。
それには、一社だけでは限界があり、実現できない。
戦略を実現するには複数の会社が協力し、
価値共創することが不可欠であることを認識しよう。

❸ はじめに、社会的ミッションやウェルビーイングを考えること。
ビジネスは儲けるのが先ではなくて、
まずは社会や顧客に幸せを運ぶことを考え、
その対価として御利益をいただくという、
アプローチの基本視点を間違えてはならない。

❹ 事業は継続しなければ意味がない。
赤字垂れ流しの事業は、社会にとって罪悪だ。
新しいことを始める時には、思い切り投資して、
それをしっかり回収できるよう、
マネタイズの方法を創意工夫することが不可欠だ。

❺ 提案した事業が一時的な儲けではなく、より多くの人々に支持され、
結果として長期利益につながっていくストーリーを組み立てよう。

受講生たちは前ページの図のような視座を持って、市場創造提案づくりに取り組みます。このようにして、市場の創造に真剣に取り組むことで、仕事観がガラリと変わり、実践の場で変革のリーダーシップを発揮することにつながっていくのです。

全員人事部長の時代へ

21世紀になってインターネットが急速に普及したことにより、日々の業務はもちろん、求人・求職もインターネット上でおこなうようになり、労働市場は一気に流動化しました。さらに、2010年代になるとSNSが急速に普及し、求人情報だけでなく、企業の内部情報、顧客からの評判、社員間のやり取りに至るまで、社内外のあらゆる口コミ情報が瞬時にして行き交うようになりました。そうなると、社員一人ひとりが社内だけでなく、社外にも目を向けてキャリア開発の選択肢を広げ、転職も含めて最適な進路を選ぶようになるのは当然の帰結です。社内の出世競争に心血を注ぐ以外に仕事観を持てなかった20世紀とはまったく景色が異なってきたのです。

そして、今やVUCAの時代と呼ばれる先行きが見通せない時代になりました。また、人生100年時代が到来し、若者が長い人生を生き抜くためのキャリア開発に向けた離職の問題がクローズアップされるようになりました。働き方改革、パワハラ防止など、法律も整備されてきました。それでも「この会社で働き続けていても大丈夫だろうか」と将来に不安を抱く若者の離職は止まりません。会社が嫌だから辞めるのではなく、多くの若者の「仕事観」や「キャリア観」が社内の出世競争から市場で通用するプロフェッショナルに変化したのです。有史以来はじめて、個人主導で組織や人事が動く時代を迎えています。

会社や人事部に自分の行く道を準備・決定してもらうのではなく、一人ひとりが選択と挑戦を繰り返しながら、自分自身で行く道を決定する「全員人事部長の時代」と言ってもよいかもしれません。

全員人事部長の時代に次世代リーダーを目指す人にとっては、仕事観の求心力となるウェルビーイング（心身ともに健康で幸せな状態が長く続くこと）を追求することが大切な要素となります。ウェルビーイングの実現を目指して、今後どう取り組めばよいかを皆様と一緒に考えるため、このあとの「ウェルビーイング入門」という特別講座を用意しました。

ウェルビーイング入門

ナビゲーター 本郷靖子
株式会社アズナチュラル代表取締役
株式会社ドリームインスティテュート戦略アドバイザー

VUCAの時代、グレートリセットの時代に変化の先頭に立つ次世代リーダーは、人や社会や自然・地球に思いを馳せ、持続可能な社会づくりに向けて何ができるかを考えることがチャレンジのベースになります。これまで以上に、人の喜びや感動、悩みや痛みを我がことのように受け止める感性を磨くことが求められます。言い換えると、成果を出せば幸せになれる時代から、自分が幸せだから、全社員の心が豊かだから、成果を生み出せる時代に転換するということです。だからこそ、ウェルビーイングについて理解し、その実現を目指すことは、仕事観革命にチャレンジする次世代リーダーにとっても、創造的な組織風土をつくり、人的資本経営を実現したい経営者にとっても、目的達成の近道になります。

○ウェルビーイングとは何か

この特別講座では、幸せ、働きがい、やる気スイッチオンと密接につながっているウェルビーイングについて皆様と一緒に学んでいきたいと思います。

はじめに「ウェルビーイングとは何か」ということについて説明します。ウェルビーイングは「よりよい状態」「心身ともに健全で幸せな状態」が長く続くことを言います。ウェルビーイングを生み出す主な要素は5つあり、その5つの要素はP・E・R・M・Aの頭文字を取って「パーマ」と呼ばれています。

＊P……ポジティブエモーション　前向きでポジティブな感情を持つこと

＊E……エンゲージメント　物事に深く関わり、夢中になること

＊R……リレーションシップ　よりよい人間関係が築かれていること

＊M……ミーニング　目的に向かって邁進し、使命感、働きがい、生きがいなどを持てること

＊A……アチーブメント　高いハードルに挑戦し、それを成し遂げて、達成感を感じること

ウェルビーイングを生み出す5つの要素

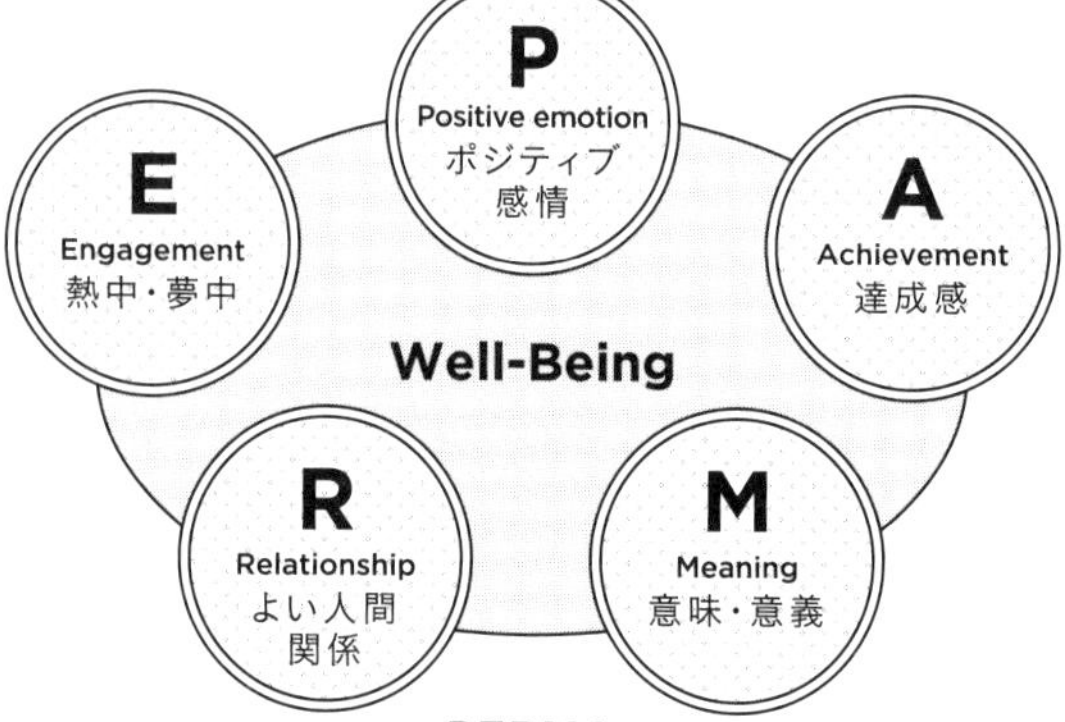

PERMA
(パーマ)

これまでは物質的・経済的な豊かさや目の前にある瞬間的な満足度の高さを「幸福」と捉える傾向がありました。それに対して、ウェルビーイングは幸せを生み出すさまざまな要素で構成されている一時の感情に左右されない「持続的な幸福」のことです。

SDGsの開発目標の3番目には「すべての人に健康と福祉を」、8番目には「働きがいも経済成長も」と謳われています。私たちが未来に向かって前進する時、物質的・経済的な豊かさだけでなく、心の豊かさであるウェルビーイングを意識することがいかに大切か、理解していただけると思います。

PERMAについて、もう少し具体的に説明します。たとえば、人はどんな時に一生懸命仕事に打ち込むでしょうか。

*「何としてもこのバーを越えたい!」「これを達成したらみんなで喜び合える!」というハートに火がつく明確な目標を持っている時
*世のため人のため自分のためになると思える時
*周囲から何を期待されているか　明確に認識している時
*上司から信頼され、任されていると感じる時
*仕事や仲間や会社に誇りを持っている時
*努力や挑戦が正しく評価される時

いかがでしょうか。一生懸命仕事に打ち込む時には、「パーマ」という要素がたくさん入っています。まさに、ウェルビーイングな状態が大きな力を生む原動力になっているということです。

◯ウェルビーイングの実現に不可欠なリフレーミング

しかし、仕事もくらしもいつも順調とは限りません。誰もが、スランプに陥ったり、どん底だと感じたりすることはたくさんあるでしょう。どん底、ピンチ、スランプ、そのことだけを単独で捉えると「嫌なこと」です。当然、嫌だな、避けたいな、という「暗い気持ち」や「ネガティブな感情」が出てきます。

でもよく考えてみると、あらゆることは単独ではなく、つながっていることに気づくはずです。

悪い状態は課題を気づかせてくれる絶好の機会です。そして「どん底の先には上昇しかない」「ピンチこそチャンスを生む源泉だ」と捉え直すと、「今こそ学びの時間を与えてもらっている！」と感謝する気持ち、すなわち「ポジティブな感情」が出てきます。すると「どうやって上昇に結びつけるか」「どうやってチャンスをつかむか」というチャレンジマインドに結びついていきます。

このように、視点を変えて、物事をポジティブに捉え直しをすることを「リフレーミングする」と言いますが、これがウェルビーイングを生み出す時に最も大切なのです。苦し

リフレーミングによるマインドの変化

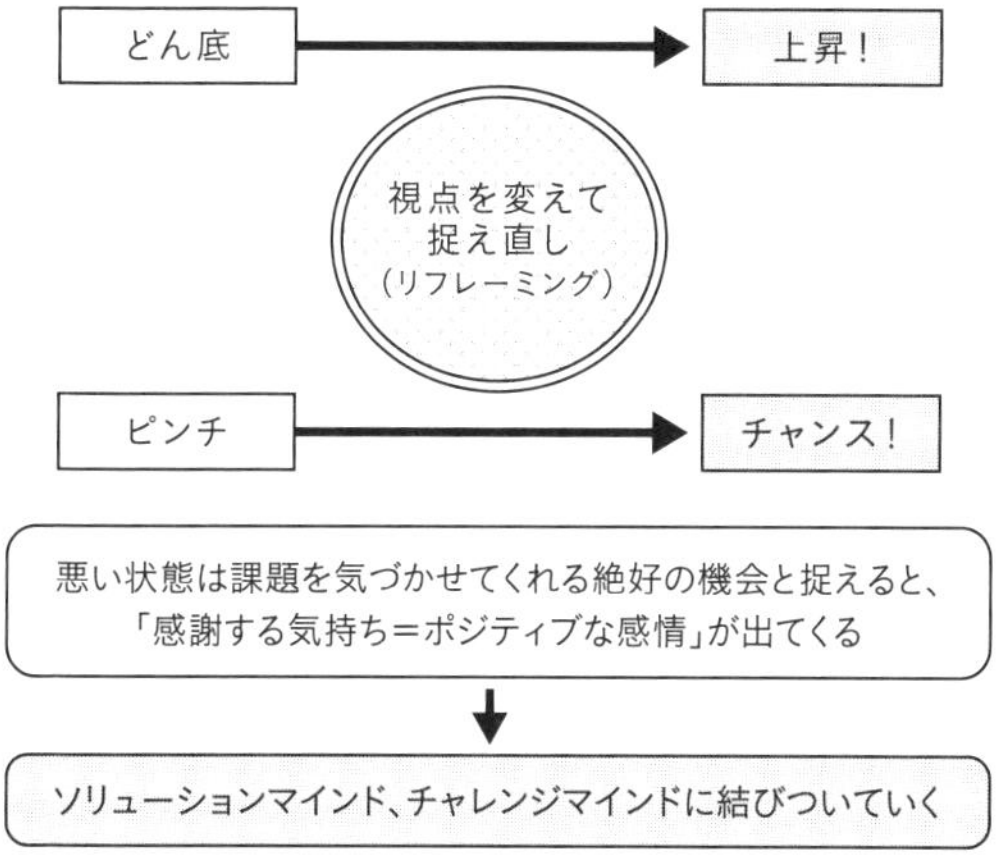
どん底
上昇！
視点を変えて
捉え直し
（リフレーミング）
ピンチ
チャンス！
悪い状態は課題を気づかせてくれる絶好の機会と捉えると、
「感謝する気持ち＝ポジティブな感情」が出てくる
ソリューションマインド、チャレンジマインドに結びついていく

い時にポジティブ感情を持てると、チャレンジマインドが生まれ、それが成果を生み出す、という好循環になっていくわけです。

ハードルが高く、難しいテーマだと思った時、諦めてしまうことが多いのではないでしょうか。これが通常の枠組みでの捉え方（フレーミング）かもしれません。ただ、諦めたらそこから先は何も生まれません。そこで、「ハードルは高いかもしれないけれど夢を実現するためにみんなでチャレンジしよう」と捉え直し（リフレーミング）をすると実行に結びつき、どんどん実現に近づいていきます。

課題に直面した時のリフレーミングモデル

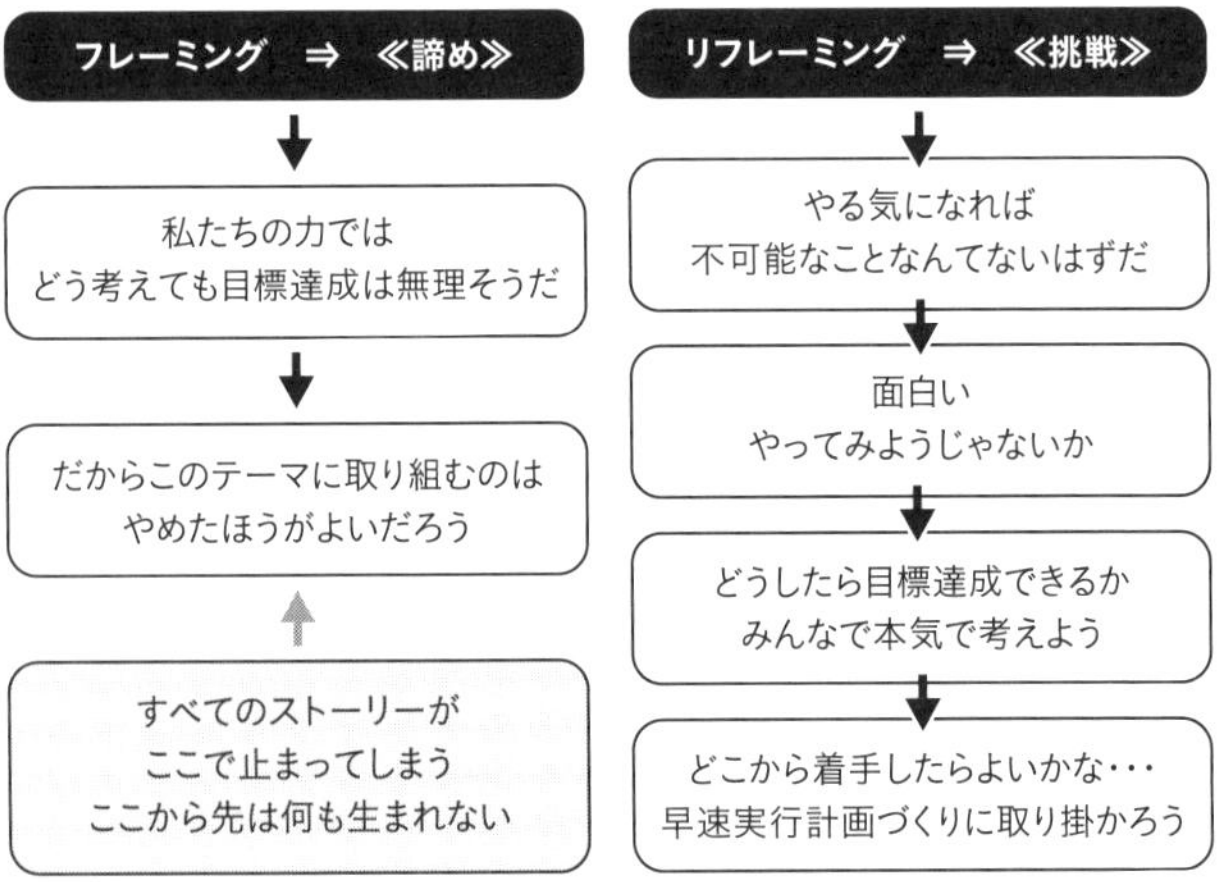
フレーミング ⇒ ≪諦め≫
私たちの力では
どう考えても目標達成は無理そうだ
だからこのテーマに取り組むのは
やめたほうがよいだろう
すべてのストーリーが
ここで止まってしまう
ここから先は何も生まれない
リフレーミング ⇒ ≪挑戦≫
やる気になれば
不可能なことなんてないはずだ
面白い
やってみようじゃないか
どうしたら目標達成できるか
みんなで本気で考えよう
どこから着手したらよいかな・・・
早速実行計画づくりに取り掛かろう

◯リフレーミングは創造的な価値を生む

ここで、リフレーミングの一例をご紹介します。

靴の販売会社のマーケターAさんがある国の市場調査に行ったら、その国では靴を履く習慣がなく、会う人は誰も靴を履いていませんでした。

Aさんは、はじめは「この国では靴を履く習慣がないからまったく売れないだろう」と思いましたが、「ちょっと待てよ。普通に考えるとそうかもしれないけれど、この国で靴を履く文化さえ醸成できれば大きなマーケットになるかもしれない」とリフレーミングし、調査を進め、その結果、

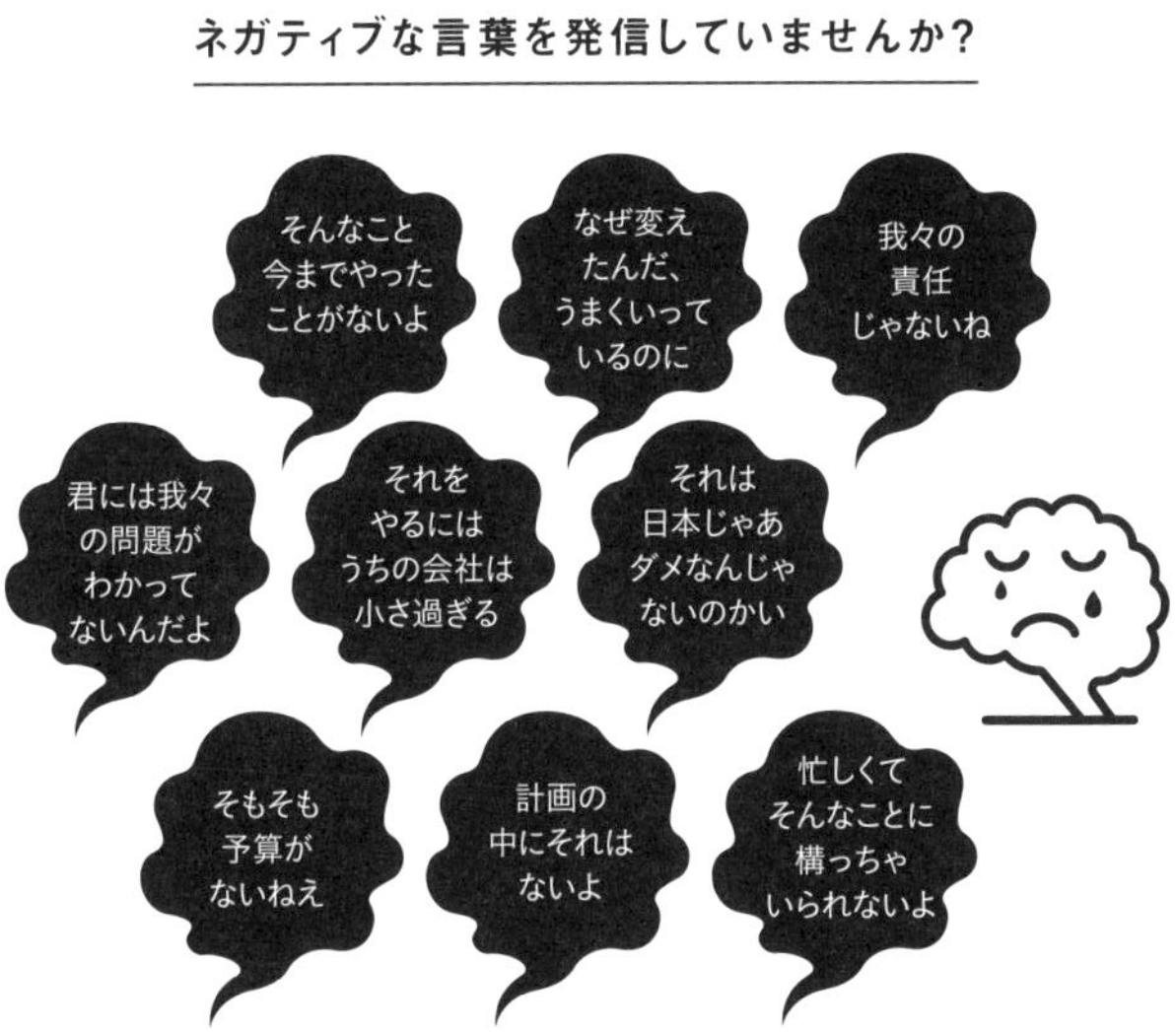

大きな市場を開拓できたということです。このようにリフレーミングは創造的な成果を生み出します。

私たちは、日常の仕事の中で、やる気もチャンスも潰すネガティブな言葉を発信していないでしょうか。無意識のうちに、さまざまな場面で相手に不用意な言葉を投げかけているかもしれません。このようなネガティブな考え方やコミュニケーションから脱却し、ウェルビーイングの実現を目指してリフレーミングを心がけると「みんなでチャレンジしよう」という想いが連鎖して創造的な成果が生まれます。日々の仕事の中で、ぜひウェルビーイングとリフレーミングを意識して「新たな価値を生み出すコミュニケーション」を心がけていただきたいと思います。

○まずは21日間「ウェルビー・メモ」を書いてみよう

最後に、誰でも簡単に始められるウェルビーイングに近づくためのスモールステップを1つ紹介します。それは「ウェルビー・メモ」を書くことです。これは、1日の終わりに、その日に起こったいいことをスマホのメモなどに3つ書き出すだけの簡単な取り組みです。

私たちは、仕事の忙しさや毎日のくらしに追われて「いいこと」に気づきにくくなっています。ウェルビー・メモの目的は、毎日メモすることで、意識して「いいこと」に目を向けるようになり、ポジティブ感情が増幅して、いいことに気づきやすくなる感性を身につけることにあります。「いいこと」に気づくことで自分自身のパワーがアップし、周りの人にも好影響を与えることになります。

また、続けてメモをすることで、自己肯定感も高まり、自分自身の傾向や真の課題にも気づくことができるようになります。

メモする「いいこと」はどんなことでも構いません。「朝ごはんが美味しかった」「笑顔で元気よく挨拶して気持ちがよかった」など、日常のささやかなことから、仕事に関することなど、あなた自身が感じる「いいこと」や「嬉しかったこと」を書き出していただきたいと思います。人間は21日間続けられると習慣化できると言われていますから、まず21日間続ける努力をしてみてください。

ウェルビー・メモを毎日書いているうちに、こんなことがもっと多く起こればいいなという「ウェルビー・モア」につながります。そして、こんなシーンにまた出会えたらいいなという「ウェルビー・アゲイン」につながります。そうなると、どうしたらこういう素晴らしいシーンを増やせるかなという「ウェルビー・ハウ」の発想が生まれます。

このように「毎日ウェルビー・メモを書く」という小さな行為がウェルビーイングへの想いを増幅させていき、ウェルビーイングの実現に向けた大きな推進力となっていくのです。

第 2 章

仕事観革命
—アプローチの基本視点

仕事観革命の一丁目一番地

日本企業で働く社員の仕事実感

1章では仕事観とはどういうものか、そしてそれがなぜ今必要で、このVUCAの時代にどう発揮していくべきかを述べました。ここからは、具体的に仕事観革命をするためにどのような視座と行動が必要になるか、その前提となる部分についてお伝えしていきます。

まずは1章の終盤でお伝えしたマインド・ストレッチ・セッションについて、もう少し具体的に見ていきましょう。

私たちはマインド・ストレッチ・セッションを始める前に、受講生が普段どんな気持ちで仕事に取り組んでいるかを把握するため、仕事実感アンケートを実施しています。自分自身の普段の仕事を振り返りながら、次の図にある20の質問に対して、［5］まったくそのとおり、［4］ほぼそのとおり、［3］どちらとも言えない、［2］あまり当てはまらない、

仕事実感アンケート

次の設問(計20問)について、下記の5段階で自己評価してください。
❺まったくそのとおり　❹ほぼそのとおり　❸どちらとも言えない
❷あまり当てはまらない　❶まったく当てはまらない

Q1 自分が今の仕事・環境に就いていることに感謝していますか?

Q2 組織・上司・チームメンバーなど、
周囲に助けられていることに心から感謝していますか?

Q3 今の会社が心から好きですか?
この会社を何としてもよくしたいという思いがありますか?

Q4 今あなたにはチャレンジしたい!　改革したい!
という具体的なテーマがありますか?

Q5 担当する仕事や商材、サービスに深く興味・関心を持ち、
心から好きだと感じますか?

Q6 あなたの仕事は「お客様や社会の役に立っている」と
いう自信や誇りがありますか?

Q7 お客様、生活者、そしてあなた自身が、
どうしたらもっとよりよい生活になるだろうかと考えていますか?

Q8 提供した商品・サービスにより相手のニーズが満たされたかなど、
提供後のことが気になりますか?

Q9 企業理念や戦略など会社が目指す方向性や
基本方針を理解していますか?　理解しようとしていますか?

Q10 何のために仕事をしているか、
将来のキャリアビジョンや人生の目的などを普段考えていますか?

Q11 競争相手をわかっていますか?　その動向をマークしていますか?

Q12 楽しみながらマーケティングをしていますか?

Q13 業界以外の有力情報を入手できるネットワーク(人脈など)を持っていますか?

Q14 SDGs・地方創生・環境問題など、日常業務の枠を超えた
社会全体への関心は高いと思いますか?

Q15 売上・利益など数値目標以外で仕事で
あなたに期待されていることをわかっていますか?

Q16 自分の仕事の成果がどのように評価されるか理解していますか?

Q17 問題を解決するために、自分からメンバーや上司、
関係者に日々働きかけていますか?

Q18 上司との面談で数値の確認だけでなく、
課題解決やキャリア開発についても話し合っていますか?

Q19 あらゆる人の話をしっかり聞いて受け止める「傾聴力」に自信がありますか?

Q20 あなたの担当業務の業績目標を達成するだけでなく、
他部門や会社全体がよくなることを意識していますか?

［1］まったく当てはまらない、の5段階で率直な自己評価をしてもらいます。

これまで、流通、サービス、金融、商社、製造業、旅行、エンターテインメント、メディア、生活協同組合、NPO法人、自治体など、さまざまな業界の受講者約8000人に回答していただきました。それを分析すると、業界や職種や職位を問わず、日本企業で働く社員の仕事実感はたくさんの共通点があることがよくわかります。その特徴を少し紹介します。なお、回答者はマインド・ストレッチ・セッションを通じて私たちが直接接点を持った人たちなので、これは「顔が見えるアンケート」ということになります。顔が見えない大規模なアンケートを数値分析するよりも、なぜそのような回答をするのかも含めて、特徴が浮き彫りになっていると思います。

会社も仕事も仲間も好きだけど

【Q1】自分が今の仕事・環境に就いていることに感謝していますか？
【Q2】組織・上司・チームメンバーなど、周囲に助けられていることに心から感謝していますか？

【Q3】今の会社が心から好きですか？　この会社を何としてもよくしたいという思いがありますか？

これらの質問は、大半の人が4以上をつける高い自己評価となっています。基本的には健全なチームで、みんなで協力し合って真面目に仕事をしている姿が見えてきます。しかし、

【Q4】今あなたにはチャレンジしたい！　改革したい！　という具体的なテーマがありますか？

という質問になると、個人別に大きな格差が出ます。みんな愛社精神を持って仲間と協力しながら仕事をしている反面、個人によって任される仕事も異なるし、仕事への意欲や満足度にも個人差があることがよくわかります。また、

【Q6】あなたの仕事は「お客様や社会の役に立っている」という自信や誇りがありますか？

という質問では、低いスコアが出てしまいます。大きな企業でマネジメント職やリーダー職を担う人たちは、お客様が喜ぶ顔や姿を具体的に思い浮かべることができない環境で、管理業務を中心とした仕事になりがちです。自分の会社や仕事に誇りや自信が持てな

い理由は、人それぞれにあると思われますが、顧客接点＝現場から遠いことは理由の一端になっているのでしょう。

ゴールが曖昧だと仕事がゆるくなる

【Q9】企業理念や戦略など会社が目指す方向性や基本方針を理解していますか？　理解しようとしていますか？

【Q15】売上・利益など数値目標以外で仕事であなたに期待されていることをわかっていますか？

【Q16】自分の仕事の成果がどのように評価されるか理解していますか？

これらの質問には「どちらとも言えない」という回答が多いのが特徴です。基本方針や評価尺度を理解していないと、仕事のゴールイメージを明確に描けません。その結果、「何としても！」という気持ちが湧いてこないので、仕事はどうしてもゆるくなってしまいがちです。多くの人が自分自身の成果責任が曖昧なまま働いているので、ポジティブな考え方、アクティブな行動、創意工夫などが生まれにくいという、もどかしい実態が垣間見えます。

「忙しいからマーケティングしない」では本末転倒！

【Q11】競争相手をわかっていますか？　その動向をマークしていますか？

【Q12】楽しみながらマーケティングをしていますか？

【Q13】業界以外の有力情報を入手できるネットワーク（人脈など）を持っていますか？


こうしたマーケティング系の設問も厳しいスコアが出ています。現場の人々は、目の前にある課題の対応に注力するあまり、それ以上のことは考えられない、取り組めない、という実態がよく見えます。また、「そうしたい」という思いはあっても「忙しい」ことを理由に行動に移していません。このように現状ではアウト・オブ・ボックスの行動は優先順位が低くなりがちですが、今後ますます「知恵やヒントは会社の外側にある」という価値観を持つことが重要になります。その価値観を共有できていないから、マーケティングに対する切迫感も乏しくなっているのだと思います。「仕事に追いかけられるから次のことは考えられない。手をつけられない」という悪循環をいかに断ち切るか、大半の企業にとって、大きな課題となっています。

大切なことを話し合っているか

【Q7】お客様、生活者、そしてあなた自身が、どうしたらもっとよりよい生活になるだろうかと考えていますか？

【Q17】問題を解決するために、自分からメンバーや上司、関係者に日々働きかけていますか？

【Q10】何のために仕事をしているか、将来のキャリアビジョンや人生の目的などを普段考えていますか？

【Q18】上司との面談で数値の確認だけでなく、課題解決やキャリア開発についても話し合っていますか？

これらのような仕事の成果を高めることや能力開発に関するスコアも低く出ています。これも「忙しい」ことを言い訳にして、自分自身で大切なことを考えていません。また、上司をはじめとして、職場のパートナーとも十分に話し合っていないという実態が見えてきます。

普段から仕事革新や自己革新に向けた話し合いをしていないと、改革に向けた具体的な行動を起こす機運はなかなか盛り上がりません。

具体的に何のプロを目指すのか

ここまでのアンケート結果を見てみると、ビジネスパーソンの多くは、組織やチーム、会社に貢献したいという仲間意識は強く、個々人では高いモチベーションを持って仕事に取り組んでいる傾向ではあるが、お客様や外部のこと、社会全体までよく見えている人は多くなく、キャリアビジョンが明確な人や、明確にできる人は多くなさそうだ、ということがわかります。


そのため、私はマインド・ストレッチ・セッションの中で、

「将来どのような仕事がしたいのか?」「どのようなキャリアや人生を描いているか?」

というキャリアや生き方を問う質問では、アンケートに加えてインタビューもおこないます。

すると彼らは、

「多くの人々を、元気に、楽しく、幸せにする仕事をしたい」

「たくさんの人と組織を動かす仕事がしたい」

「専門技術を磨き、市場に通じるプロフェッショナルとして仕事をしたい」
「人との出会いや関わりが多い仕事をしたい」

といったように、将来設計について「ぼんやりとした想い」を語ってくれます。

しかしそこで、「どのような分野や職種でキャリア開発をしたいのか？」「どのような技術や能力を磨いて、どのように社会に貢献したいのか？」という具体的な質問をすると、大半の人が鮮明には描いておらず、なんとなく「中間色」のままなのです。「プロになりたい」という想いはあっても、具体的に「〇〇分野のスペシャリストになって、このように社会に貢献したい。そのために〇〇の技術を磨きたい」という自分を駆り立てる具体的な仕事観を持っていないと、自分磨きの行動になかなか移れないと思います。今後を考えると、これらは「困った特徴」です。

アンケート結果をもう少し整理してみると、次のような受講者の「セッション受講前の仕事実感」の概略が見えてきます。

・**組織の仲間とともに担当職務に真面目に取り組んでいるけれど**

・夢や自己実現目標を描いていない
・キャリアビジョンや仕事観など自分の将来を描くための羅針盤を持っていない
・仕事をとことん追求する習性がない
・自ら働きかける主体性やルールブレイカーになろうとする気概が見受けられない
・アウト・オブ・ボックスの視点が弱く、会社の外側をマーケティングしていない
・熱い想いが見えず、低体温なまま仕事に取り組んでいる

大きな問題は、これからの時代にますます必要になる要素が欠落していることです。もっと野心的な目標を描いたほうが仕事は楽しくなると思われるのですが、はじめから「自分を超えよう」「今の仕事を超えよう」「夢を実現しよう」というチャレンジスピリットを持つ人は、そう多くはないのです。そのような人たちに「心のイノベーション」をしてもらうことが重要だと私は考えます。

仕事観革命の起点となるマインド・ストレッチ

社会や市場が激変する時代においては、「とりあえず、今まで通りでいいじゃない」と

いう考え方は「退化」を意味します。常に、お客様が喜ぶ顔や姿を具体的に思い浮かべながら、あらゆる既成概念や制約条件を取り払い、発想を広げて、独自価値の創造にチャレンジすることが何よりも重要なのです。次世代のリーダーを目指す人には、何よりもこのことを肝に銘じながら仕事に取り組んでほしいです。

多くの企業では、組織や仕事のフォーメーションができているから、その都度ものごとを考えなくても、日々の仕事を進めていくうえでは特段の支障はないでしょう。その結果、毎日ただ仕事をこなすだけになり、改革する力もスピードも鈍化してしまいます。

たとえば、最も早く産業化が進んだ歴史と伝統がある百貨店は、商売という面から見るとこんなにも恵まれています。

・街で一番よい場所に大きな店を構えている
・店を開けば大勢のお客様が来店してくれる
・多数のお得意様（しかも富裕層）が買い支えてくれる
・取引先（テナント）が品揃えをしてくれる

・取引先（テナント）の販売スタッフが商品を売ってくれる
・長年の取引条件により一定の粗利益を確保できる

また、仕事や組織運営という面から見てもこんなに恵まれています。

・販売は店舗がやってくれる
・販促は販売促進部がやってくれる
・品揃えは商品部がやってくれる
・人は人事部が確保・育成してくれる
・資金は財務経理部が調達してくれる

このように、長年培ってきたフォーメーションができあがっているので、たくさんの組織に助けてもらえます。そして、たくさんのステークホルダーが支えてくれます。その結果、自分が所属している部署の役割だけ果たしていれば、それなりの成果が生まれるようになっています。「担当以外のこと」や「それ以上のこと」をしなくても支障はないのです。

ただ、絶えず変化するマーケットを考えると、この状況を「恵まれている」と受け止めるよりも、「知的パワーをもぎ取られている」と受け止めたほうが、未来創造につながります。

百貨店の事例を紹介しましたが、どの業界にも多かれ少なかれ、このような課題は横たわっています。特に、組織と仕事のフォーメーションがしっかりと確立している大企業・老舗企業では顕著です。

脳ミソと筋肉はトレーニングしないと退化します。組織や仕事のシステム化は時代とともにどんどん進みます。それとともに効率化することもたくさんありますが、知らぬ間に退化していることもたくさんあるということに気づかなくてはなりません。特に、「自ら考える力＝知的パワー」の退化についてはシビアに認識しなくてはなりません。マインド・ストレッチ・セッションの受講生は、ゼロから1を生み出す提案をつくる知的トレーニングを通じて、ものごとを深く考えることの大切さに気づきます。そして、知的パワーの退化に対する危機感が高まるとともに、変化の先頭に立つことは「面白いことだ」という仕事観を持つようになります。チェンジ・オア・ダイの視点を持って、組織も個人もマインド・ストレッチして未来への準備を進めることが大切なのです。

経営目線を持つリーダーになる

変化の時代には、自部門のことだけ考えて、今まで通りのことをやっていても成果は生まれません。全員が部門間の協力を大切にする「経営目線を持つ担当者」へとシフトしていくことが重要になります。その結果、自部門の短期的な業績だけでなく、継続的・安定的な長期利益を生み出せる組織風土になります。短期業績思考だと利害関係者の間で対立を生みますが、長期利益を目指す人たちはゴールイメージが一緒の場合が多いので、協力関係を生み出し、改革の加速度もつきます。

また、「好きこそものの上手なれ」というマインドも重要です。好きな仕事に夢中でチャレンジすることは、能力を発揮することに直結しています。

多くの人は好きな仕事に就きたいと思って入社しますが、好きな仕事に就くには「好きな仕事を見つける」か「今の仕事を好きになる」かのどちらかが必要です。好きな仕事を見つけるには、ジョブローテーションしながら、いろいろ経験し、自分の適性に最も合った仕事を発見することが必要です。今の仕事を好きになるには、「やりがいを持てるか」「自分の将来に結びつくか」「人間関係をはじめ職場環境がよいか」など、主要なテーマを満たせることが必要です。日々取り組む現場の仕事が顧客や社会に高い価値を提供し、幸せをたくさん運んでいるということを実感できれば好きになっていくでしょう。

それらを実感するためにも、私の仕事は「誰を幸せにするか」「社会に役立つか」「楽しいか」「新しいか」「長期利益を生むか」ということを自問自答してほしいのです。そこを考える中で「私はこのような使命を持っている」「もっと多くの人に幸せを運ぶためにこのようなことにチャレンジしたい」という使命感やチャレンジマインドが芽生えてきます。「私にしかできないこと」や「私がやるべきこと」もわかってきます。こうして確信を持って仕事と向き合えるようになると、より大きな成果にもつながっていくので、仕事が楽しくなります。

仕事の原点は何か

「新たな課題や困難な課題に挑戦したい」「能力や自分らしさを思い切り発揮したい」「自分の世界をもっと広げ、人間としての器をもっと大きくしたい」「創意工夫を楽しみながら好きな仕事に取り組みたい」「責任ある仕事を任されたい」「自分の存在価値を認めてもらいたい」「人間的にも経済的にも他者や家族に依存せずに自立したい」など、人には自己実現欲求があります。ベテランになると「人を育てたい」「次の世代に何かを伝えていきたい」という気持ちも高まっていくと思われます。

また、仕事を通じて「誰かのために役立ちたい」「感謝されるような仕事をしたい」という貢献欲求もあります。「社会や国のために役立ちたい」「会社の成長発展やブランド価値を高めるために尽力したい」「周囲（顧客・上司・仲間）の期待に応えたい」「困っている人のために問題を解決したい」など、貢献の対象はさまざまです。

少し違った角度から見ると、「もっと高い収入を得たい」「もっと高い地位や高い評価を得たい」「もっと権限や裁量権を得たい」ということが自分を奮い立たせる強い動機になっている場合もあります。「家族を経済的に支えなければならない」など、自分自身の仕事が生きるための必須の手段になっている場合もあるでしょう。

さらに、自分のことだけでなく「信頼する仲間たちと一緒に取り組み、みんなで達成感を味わいたい」「大好きな仲間が高く評価されるようアシストしたい」という仲間意識やチームスピリットが高いモチベーションになっている場合もあります。

このように仕事とは、誰かのために問題を解決して、感謝される！　つまり、人々の幸せ実現のお手伝いをすることが仕事の基本であり原点だと私は考えています。それが自己実現につながるのです。

常に、何のために何をどのようにやるかを考え、創意工夫しながら取り組むことが重要です。自分自身の仕事を顧みながら、自己実現にも組織の未来創造にも結びつく「仕事観」革命の旅に出発してください。

企業の理念と社員一人ひとりの仕事観

「誰かのために」という姿勢で主体的に仕事をするためには、あなた自身の視座や行動が所属している会社の理念と合致していることが不可欠です。企業理念と社員一人ひとりの仕事観には大きな相関性があります。あなた自身が企業理念に心から共感しながら仕事をすると、何がどのように変化するのでしょうか。とてもわかりやすい事例が2つあるので紹介します。いずれも清掃を基本業務とする事例ですが、「業務を超える」仕事観を持っています。

テッセイの仕事観～みんなで常識を超える「おもてなしの会社」をつくる

1つ目の事例がテッセイ（JR東日本テクノハート、旧鉄道整備株式会社）という、新幹線の車両清掃を担当する会社です。

テッセイのスタッフは、「車内がきれいでなければ新幹線は走れない」という使命感と誇りに加えて、「私たちは単なる清掃の下請け会社ではない。JR東日本の協働パートナーとして、お客様に喜ばれる高品質なサービスを提供する〈おもてなしの会社〉だ」という使命感と誇りも持って、絶えず付加価値があるサービスの創造に挑戦しています。すべてのスタッフが「きれいに清掃するのは当たり前。でも、それだけでなく、私たちは世の中をびっくりさせるサービスを提供したい」という仕事観を持っています。

リーダーは日々、おもてなしの会社という理念をスタッフと徹底的に共有しながら、目指すサービスが効果的・効率的に実現できるようサポートやアドバイスをおこなう役割を果たしています。

「スモールミーティング」と呼ばれる職場単位の会議があり、リーダーがファシリテーター役となって、メンバーの意見を傾聴し、さまざまなアイデアを引き出し、その声を経営陣に伝えます。そして、出されたアイデアがGOなのか、ダメなのか、待てなのか、必ずフィードバックします。だから、メンバーはどんどんアイデアを出します。メンバーの声からコメットスーパーバイザーという、駅の構内で困っているお客様を目的地までご案内したり、相談に乗ったりするサービス職務も生まれました。

これは明らかに清掃の会社という概念を超えています。全スタッフが、私たちは「おもてなしの会社」として何をやるべきかという仕事観を持っているのです。

オリエンタルランドの仕事観～いつも非日常、いつも初演、いつも未完成

2つ目の事例はオリエンタルランドです。

オリエンタルランドでは、園内の清掃を担当するキャストをカストーディアルと言います。カストーディアルは園内をきれいに清掃するだけでなく、笑顔でゲスト応対し、他のキャラクターと一緒になってディズニーの独自サービスも提供します。清掃以外の業務は、言われたからやるのではなく、お客様にとってベストなサービスを自ら判断しながら主体的におこなっています。ほかの職種のキャストも、カストーディアルと同様に、自らの基本業務を超える行動をしています。ディズニーの世界観を理解したキャストは、「こうしたい！」という自分自身の「仕事観」にもとづいて行動しているのです。

また、次の3つの仕事観を全キャストで共有しようと呼びかけていると伺いました。

いつも非日常

「今日は特別な一日」というお客様と同じ気持ちでいよう

いつも初演

毎回ドキドキする初々しさを忘れないようにしよう

スキルは熟達が大事だけれど、心はどれほど時を経ても新鮮なままでいよう

いつも未完成

常に「ゲストにもっともっと喜んでいただきたい」という向上心・挑戦心を持って行動しよう

今の自分に満足したら顧客価値はつくれない

いつも非日常、いつも初演、いつも未完成、この3つの仕事観を持ったキャストは、高いレベルのサービスを提供するために自分磨きをしたくなり、接遇訓練や専門知識の習得など、さまざまな能力開発プログラムに自ら進んで参加するようになるとのことでした。仕事観を持つことが主体的な能力開発にも直結しているのです。

未来のレンズにかけ替える

私たちは、これまでに述べてきた仕事の実態、仕事の原点、企業理念と個人の仕事観というテーマに加えて、この先の社会や市場はどうなっていくのか、そのために今からどんな準備が必要なのか、ということを常に考えなくてはなりません。その時、現在の延長線上で考えていると、未来の姿は見えてきません。慣れ親しんだレンズから未来のレンズにかけ替えて、「終わりの始まり」や「未来の姿」をできるだけ的確に捉えることが必要です。未来のレンズで見ると、どんな社会が到来するか、いくつかの事例を見ながら一緒に学んでいきましょう。先に述べた事例のように、仕事観革命ができていて、仕事や人生を好転させている人や組織は少しずつ増えています。しかしまだまだ、古いレンズのまま周囲を見回そうとしている人や組織が多いのが現状です。これからの時代を生きる次世代リーダーのあなたは、今、未来のレンズにかけ替えて目の前をしっかりと見据える必要があるでしょう。そこでここでは、未来のレンズでものを見る際のポイントを5つ紹介します。

①チェンジ・オア・ダイ〜座して死を待つなかれ

日本は総人口の減少と少子高齢化のフェーズに入っていますが、２０４０年までに唯一増えるのは85歳以上の人口です。85歳以上の人口が占める割合は、２０００年１・８％、２０２０年４・９％、２０４０年８・９％と驚異的な勢いで高くなっていきます。これを労働の消費と供給という面から考えると、今後どのような変化が起こるのでしょうか。85歳以上の人口が増えると、医療や介護をはじめとするサービス分野では消費量がますます多くなります。一方、85歳以上の人たちの「働き手」としての労働供給力はどうでしょうか。どう考えても、それ以下の年代の人と比べると低いと言わざるを得ません。

２０４０年の労働力の需給シミュレーションをすると、ＡＩの活用やＤＸ化の推進が進んだとしても、１０００万人を超える人手不足になると言われています。大きな手を打たない限り、私たちの生活はもちろん、あらゆる分野で著しい悪影響が出てくると思われます。

たとえば、トラックドライバーは４人に１人が不足するという深刻な事態が予測されています。ドライバーがいないために荷物が届けられない地域が数多く発生します。荷物が届く範囲が人の住める地域だとしたら、日本の4分の1の地域は事実上居住不可能になってしまいます。

介護現場でもスタッフ不足が深刻化します。週5日の定期的な訪問介護を受けていた家族が、急な連絡で介護スタッフが来られないという状況を頻繁に迎え、自分自身や家族だけで対応せざるを得なくなります。そうなると、これまで問題なく送れていたビジネスパーソンの生活が破綻し、仕事どころではなくなってしまいます。

医療の分野でも、病院設備はあるけれど、医師や看護師など医療スタッフが足りないので、治療をできない状態になります。診療まで長蛇の行列になるし、救急搬送先も確保できず、救急車の立ち往生が常態化してしまいます。

そのほかにも、建設、生産、販売、飲食、接客など、私たちの生活を維持するサービスは大幅な人材不足の状況になります。このままだと、あらゆることが破綻状態に陥ってしまうことが明白なので、企業も社会も、未来への活路を見出し、大きく舵を切るために、これまでにないような連携もしながら未来への準備を進めていかなければなりません。

ここで重要なのは、これらがすべて「起こり得るかもしれない」未来ではなく、「必ず起こる問題」であることに気づけるかどうかです。未来を見通す仕事観を持つことによって、いち早く未来を変える一手を打てるということでもあります。

②男性の仕事？　女性の仕事？　すべての先入観を捨てる

人事のテーマでは、男性・女性の仕事と女性の管理職比率の問題がよく取り上げられますが、ここでは、男性か女性のどちらかが「ほとんど従事していない職業」について考えてみたいと思います。

男性の看護師は7・7%、保育士は3・1%、保健師は3・2%と、ケア職に就く男性はまだまだ少ないのですが、看護婦から看護師へ、保母から保育士へと名称も変更し、性別を問わず目指しやすくなり、門戸を開いているので徐々に増えてきています。

一方、女性比率が少ない職種は、大工1・6%、航空機操縦士2・6%など、高度な技術が求められる職種ではまだまだ少数ですが、これから徐々に目指す人が増えていくでしょう。

ここでちょっと注目したいのが歯科衛生士です。2014年に歯科衛生士法が改正されるまで、歯科衛生士の定義に「女子」の文言が記されていたことから、女性の仕事として定着したと見られますが、厚生労働省の2020年調査では、全国の歯科衛生士14万人のうち男性が91人ほど誕生しています。「ケア職は女性のほうが適している」というのは勝手な思い込みにすぎません。実際の仕事内容に性差はありません。男性または女性に偏っていた職業に、それぞれ女性・男性が増えると、組織の価値観が多様になり、さまざまなアイデアや創意工夫が生まれ、提供するサービスや商品の質の向上につながるというメリットが出てきます。「この仕事は女性向き」とか「これは男らしい仕事」という無意識の思い込みや周囲からの期待が選択肢を狭め、職業のジェンダーギャップを生んでいると思われます。社会通念を気にしてしまい、本音の希望を率直に反映できない社会が続くと、社会的にも損失が大きいのです。仕事観革命を考える時には、既存の価値観に縛られず、フロンティア精神を持って、自由に未来を描いてほしいと思います。

③ウェルビーイングとグレートリセット

「グレートリセット」という言葉があるように、よりよい未来を築くために、社会全体が大きく舵を切っています。注目すべきキーワードの1つが、前述したウェルビーイング（心身ともに幸せな状態が持続的に続くこと）です。生活者が喜ぶ顔、楽しんでＳＤＧｓ活動をしている人々の姿、住み続けたくなる街のイメージなど、ウェルビーイングな状態を具体的に思い浮かべながら、どうやって到達目標に近づいていけるかを目指して、社会・事業・くらし・雇用などを構造的に改革しようという動きです。

また、ウェルビーイングと並んでキーワードの１つとなるのがエシカル（社会的・環境的・倫理的）です。これからの時代はその商品やサービスはエシカルバリューが高いか低いか、そうしたものが判断基準になってきます。たとえば、その商品は環境保全の観点から信頼できるのか、フェアトレードがされているものなのか、商品そのものの裏側まで評価されます。その会社の姿勢までもが評価対象になるのです。また、どんなに高品質な商品やサービスを取り扱っていたとしても、その職場の環境が劣悪だったり、顧客をないがしろにする対応があったりすると、それだけで総合的な評価を下げることになるのです。企業は「素顔で！」「全身で！」社会に存在価値を示さなくてはなりません。

そんな時代に、会社はどのようなあり方を求められるのでしょうか。一言で表現するなら、ステークホルダー資本主義の経営がどんどん進んでいくでしょう。株式会社にとって、資金を出してくれる株主の重要性は言うまでもないでしょう。また、収入の源となる顧客が重要であることも同様です。一方で、価値創造の担い手となる従業員や取引先の存在は、本来であれば株主や顧客とまったく同等の重要な存在であるにもかかわらず、まだまだ従業員がどのような意見を述べるかより、株主総会での決定が優先されることは珍しい話ではありません。しかし、社会はデジタル技術の発達とともに情報化が進み、SDGsが人類共通のテーマとなる中で社会や市場はエシカルバリュー（社会的・環境的・倫理的な価値）を求めるようになり、働く人たちが自律的にキャリア開発しながら自己実現に向かっていく社会になると、このあり方が通用しなくなります。

財務（お金）だけを軸に動く資本主義経営から、あらゆるステークホルダーのWin－Win、全体最適、長期利益の実現を目指すステークホルダー資本主義に変容していきます。まだまだ緒に就いたばかりですが、もっともっと人材を大切にする人的資本経営を進めようと経営者は現在躍起になって取り組んでいます。

④変化の先頭に立つリーダーを目指すと仕事が面白くなる

これまでどんなに安定した企業であっても、今後は変化が激しいマーケット環境にさらされます。したがって、変化の先頭に立つリーダーがたくさん生まれないと企業は継続しません。

自分に合った生き方やワークプランを探ることはとても大切です。周囲からの期待を考慮しつつ、人それぞれの価値観に則って、自分の行く道は自分自身で決めるべきです。その際に、変化の先頭に立ってリーダーシップを発揮するリーダーになる面白さや大切さに気づいてほしいと思います。なぜなら、変化の先頭に立つと、ピンチを招くことも増えるし、悔しさもたくさん味わうので、一見苦労の連続のように見えるかもしれませんが、実は「幸せな忙しさ」や「達成感」をたくさん感じられるからなのです。ピンチは「試練」という顔をしながら私たちの目の前に現れる「チャンス」であり、悔しさを味わうことは次につながる「ジャンプ台」に立つ経験でもあるのです。変化の先頭に立つリーダーを目指すことは、自らの挑戦心をかき立て、自己実現の近道を探る旅に出るということにほかなりません。社会や市場が激変する時代には、クラシック型の管理職ではなく、活路を見出す力、大きく舵を切る力、人と組織を動かす力を発揮し、変化の先頭に立って組織をけん引するフロンティア型のリーダーを目指すほうが、仕事が断然面白くなるのです。

⑤好縁社会の到来

堺屋太一氏は2001年に出版した『時代が変わった』（講談社刊）という著書の中で、縁を大別すると4つあると述べています。その1つ目が家族や親戚などの血縁、2つ目が同じ地域で生活する人たちの地縁、3つ目が同じ会社で働く仲間たちの職縁、そして、4つ目が共感の輪がつながって自然にコミュニティを形成していく好縁です。

20世紀の後半から長きにわたって、会社を軸とする職縁社会が私たちのくらしのセンターポジションにありました。その結果、行動はいつも会社の人と一緒、話題は会社のことばかり、家庭を犠牲にしてでも頑張り通して、出世することに人生をかけるという景色が一般的だったと思われます。

しかし、2010年代からはSNSの普及によって、会社の外側の情報も簡単に共有できるようになり、好縁社会が急速に普及してきました。好縁社会では、会社や仕事のことだけではなく、趣味のこと、くらしのこと、学び、喜びや悩みなど、さまざまなテーマで共感をシェアした人たちの輪が会社や地域を超えてつながっています。職縁社会しかイメージできない人もまだまだ多いので「まだら模様」ではありますが、人は誰もが「ウェルビーイングな人生を送りたい」「好きな人と好きなことをして楽しみたい」という自己実現欲求を持っているので、好縁社会は今後もっともっと広がっていくと思われます。若者たちは共感をシェアしながらさまざまなコミュニティ活動に参加していますが、これは若者に限ったことではありません。

人生100年時代は、定年後に訪れる長い期間を好縁社会でスマートエイジングできるかどうかが人生を楽しむためのカギを握ります。

好縁社会のコミュニティでは、「私は会社ではこんなに偉いのだ」とか「私は金持ちだ」という自慢話や優越感はまったく通じないどころか、かえって「忌み嫌われるもの」となります。会社と異なり職位の階級がない社会では、自然体で臨む姿勢やナチュラルな発言、真摯さや謙虚さが何よりも大切になると思います。会社でも組織がどんどんフラット化していくので、これまでのような「管理」「支配」「上下」という発想が薄まっていきます。会社の中でも従来の職縁関係とは異なるつながり方に変化していくのです。未来の人間のつながり方は、職縁社会から好縁社会にどんどんシフトしていくことを意識しておきましょう。

人生と仕事を考える

人生はロングアンドワインディングロード

キャリアという言葉には「生涯」という意味もあります。だから、キャリアを「会社での出世階段」と考えるよりも、「人生の出世階段」「ウェルビーイングに向かうマイルストーン」と捉えたほうがよいと思います。人生と仕事について少々考えてみましょう。

人は誰もが、それぞれの時代環境を背景にして、たくさんの人たちと出会い、関わりを持ちながら生きていきます。

ある時は、生きるのが辛いほどの挫折や絶望を味わい、ある時は、自分はこんなにも嫉妬・羨望・恨み・妬みの塊なのかと自己嫌悪にさいなまされ、またある時は、なんでこんなに何もかもうまくいくの？ と自分でも信じられないくらい神がかり的な成功に酔いしれながら長い人生を歩んでいくのです。

いつ終わりが来るかわからないけれど、確実に言えるのは、人生は有限だということです。留まっていても一歩踏み出しても、人生の持ち時間は確実に消費されていくのです。「何もしない」よりも「何かする」ほうが喜びもたくさん手に入りますが、失敗や衝撃にもたくさん出くわすでしょう。辛い出来事の渦中にある時は「私って何て不幸なんだろう」と感じるかもしれません。しかし、人は何かを失くした時には、違う何かを必ず手にするものです。だから、はじめから失敗や挫折を人生のシナリオに組み込んでおいたほうが楽しい人生を送れます。また、どんなに悪い人でも、その人は「してはいけないこと」を教えてくれる反面教師となるので、出会わなかったほうがよかった人など一人もいないと思ったほうが賢明です。どんなにしんどいことも、後から振り返った時には「よい体験をした」「いい勉強になった」と思ってほしいのです。

心豊かな人生を考える時に大切なのは、振り返った時に「ああ面白かった」「今では懐かしい思い出だ」と言える密度の濃い時間をどれだけ過ごしたかということです。どん底だと感じる時に、「これ以下はないのだから、この先は上昇しかない」と考えられる前向きな楽観性が大切です。

Tomorrow is another day.　明日は明日の風が吹く
Whatever will be, will be.　気を揉んでも仕方ないから成り行きに任せよう

人生でも、仕事でも、辛い時はたくさんあるかもしれないけれど、ロングアンドワインディングロード（紆余曲折）を楽しむマインドを持ってチャレンジできれば、心豊かな人生（ウェルビーイング）の実現にぐっと近づいていくはずです。

仕事観は人生の羅針盤にもなる

何かを突破した時に人生が動く。それがまた1つ新しい思い出となる。そして面白い人生になる。そのことを理解しつつも、「周囲の声や常識に逆らう勇気がない」「新しい世界に飛び出すのは怖い」そんな気持ちを持つ人が多いと思います。

年齢を重ねて、これまでを振り返ってみると、「あの時始めておけばよかった。なんで躊躇していたのだろう」と後悔することがたくさんあります。何を始めるにも遅すぎることはないし、大半のことは今踏み出すことがベストウェイにつながります。できるだけ若い時からそのような視座を持てると、後悔が少ない幸せな人生が歩めるということです。

だから、「私なんかもう歳だから、今さら無理だ」というようなことは「禁句」にしましょう。

一方で、「後悔先に立たず」という言葉もあります。こちらは拙速に事を運ぶことを自制する言葉です。

仕事や行動の「決断」「アクセル」「ブレーキ」は本当に難しいものです。だからこそ、仕事においては、決断と前進をする時に大きな方向を決める「羅針盤」とか「拠り所」となる「仕事観」を持つことが重要なのです。

この先どうしたらよいか戸惑った時、仕事観を持っていると、「進む」にしても「止まる」にしても、あとから後悔しないベストな方法を選択し、確信を持って一歩踏み出すことができるのです。

次の章からは、仕事観革命を起こすために覚えておいていただきたいこと、習慣化してほしいことを7つのテーマに分けて「ウェークアップコール」としてご紹介します。全部取り入れるのは難しいと感じる人もいるかもしれませんが、なるべくとっつきやすいこと、無理しなくてもよいこと、未来創造に直結すること、変革のリーダーシップが身につくことを意識してまとめています。「どうやって発想を切り替えようかな」「どうやって行動に移そうかな」「どうやって習慣化しようかな」と実践をイメージしながら、7つのウェークアップコールを読み進めていただきたいと思います。

第3章

7つのウェークアップコール

ウェークアップコール1
学びはすぐそこにある

街は発見の海

ある日、御茶ノ水駅の近くをぶらついていたら、明治大学のキャンパス内に「阿久悠記念館」があることを知り、中を覗いてみることにしました。すると、記念館の入り口に

夢は砕けて夢と知り
愛は破れて愛と知り
時は流れて時と知り
友は別れて友と知り

という彼が創った詩が掲載されていました。私にとっては「衝撃の瞬間」でした。たったこれだけの言葉に、私はメチャクチャ共感したのです。

長い人生において、人は何もかもを失い、やけっぱちで失意の時を迎えることもあります。度重なる試練に直面し、「もう駄目だ」と絶望感に陥る時もあります。思ってもみなかった裏切りにあうことも、大切な人を失い、悲しみや虚しさに耐えられない時もあります。それでも人は「どん底」から這い上がります。

人は何かを失くした時には必ず何かを手にしているのです。大切なものを失う時は辛いけれど、それが人生の糧になっているのです。つくづく「人間は強いな」「人間はすごいな」と思います。

この詩は、夢、愛、時、友が、生きていくうえでいかにかけがえのない大切なものか、ということを教えてくれています。それと同時に、私たちの気持ちも見事に代弁していると思います。さすが昭和から平成にかけて、私たちの心に響く歌を届け続けてくれた大作詞家としか言いようがない、衝撃の体験でした。

人生を変えるような出会い、大発明のヒント、ビジネスチャンスの多くは、こうした何気ない日常の中にあります。あなたがくらしている街は、発見の海と言ってもいいでしょう。出会ったすべての素敵な偶然を、永遠の瞬間として心の中にとどめておけるよう、できるかぎり蓄積しておきたいものです。それが後日「知恵の引き出し」となり、時には生きていく「エンジン」にもなることでしょう。

毎日がスペシャル

私は、1980年代の後半から、毎日の何気ないシーンの大切さを実感し、出会いや自分の想い、気づきなどを書きとめています。そのきっかけとなったのが、俵万智さんの短歌集『サラダ記念日』（河出書房新社刊）に、この上ない共感と感動を覚えたことでした。

「寒いね」と話しかければ「寒いね」と答える人のいるあたたかさ…

なんでもない会話なんでもない笑顔なんでもないからふるさとが好き…

忘れたいことばっかりの春だからひねもすサザンオールスターズ…

歌を味わいながら、私は「こんな何でもない日常の中にもたくさん素敵なことが潜んでいて、温かい感情がいろいろ生まれ、そして、こんなにも素敵な言葉にできるのだ」とつくづく思いました。誰にでもたっぷりある日常の時間やシーンを、ただ流してしまうか、それとも味わうかで日々生きている意味や価値が違ってきます。日常を大切にして、温かい何かをたくさん感じたり生み出したりしたいものです。

知的な苦労を楽しむ

「斬新な発想の企画を提案してほしい」「面白いイベントを提案してほしい」

経営者や上司など、リクエストする側は簡単に言いますが、リクエストされる側にとっては難しい問題です。でも、自分がやったことのない難易度が高い仕事にチャレンジし、上司の期待を超えた時、あなたの創造性が高まります。

一方、創意工夫を必要とする難しい仕事に挑戦しようとしない人は、「あいつには創造的な仕事は無理だ」と、次回からは「お呼びがかからない」ことになります。

私たちは、常日頃から「学習の競争」「切磋琢磨の競争」をしているのです。そのことを抜きにして評価や昇進や処遇だけを求めても空しい結果に終わるでしょう。

「知的な苦労をどれだけ楽しめるか」「大変なテーマほど面白いと思って取り組めるか」が、次世代リーダーとしての成長の分岐点になります。

お客様が喜ぶ顔や姿を具体的に思い浮かべる

上司から求められるのは、多くの場合、もっと面白いこと、エキサイティングなこと、未来につながること、ほかでは手に入らないこと、これまで満たされなかった潜在ニーズを満たせるようなアイデアです。

これらのニーズを満たす企画力や提案力は、一朝一夕で身につくものではありません。まぐれでよいアイデアが出ることはあっても、安定的にヒットを打てる人はそう多くはありません。普段から蓄積した「ナレッジの引き出し」をたくさん持っていなければ、パソコンに向かっていても創造的なアイデアは降ってこないのです。

では、「どのようにしてナレッジを蓄積するのか」と考えた時、「日経新聞をもっと真面目に読んで、たくさんの情報を収集する」「たくさん本を読んで知識や教養を身につける」「人間を深く考察するために、著名な哲学者の著書を読破する」という答えもあるかとは思いますが、顧客が求めているのはそのようなステレオタイプの答えではありません。生真面目な姿勢で無理をすればするほど、顧客のニーズとはかけ離れたアイデアしか出てこなくなります。顧客にとって楽しいことを企画するのだから、まずは、自分自身が楽しみながら取り組まなければ、ナイスアイデアは出てきません。

そこで重要になるのが、「くらす」「遊ぶ」「学ぶ」「働く」ということをバラバラなものとして考えずに、一体化させて考えることです。たとえば、自分の家に親しい友人を招待し、美味しい料理を振る舞いたいと思った時、「あの人は何が好きかな」「何をつくろうかな」「材料はどこで調達しようかな」「お魚の焼き加減はどうしようかな」「見栄えよく盛りつけるには」「食器やグラスは」「デザートは」「お部屋の演出は」「お土産も用意しなくちゃ」などなど、頭の中は友人に喜んでもらうためのアイデアや企画でいっぱいになるでしょう。

そのとき、ヒントになるのが普段の会話や友人の言動から得られる「好み」や「嗜好」などです。「そういえば、魚より肉が好きだと言っていた」「お気に入りの色は赤だった」などです。普段から友人の情報を頭にとどめ、いざという時に自分のアイデアをミックスして成果物（好みの料理や空間など）をアウトプットする。こうした一連の行動が企画力を養うことにつながっているのです。誰かを喜ばせることを本気で考えるということは、アイデアの引き出しを増やすことと密接に関わっているのです。

経営者や上司から「すぐによいアイデアを出せ」と言われた途端、頭の中が真っ白になってしまうのは、友人に料理を振る舞う時のように、相手が喜ぶ顔や姿を具体的に思い浮かべながら、相手の好みを深く考える「普段の自分」に置き換えられないまま、義務を果たそうとするからです。義務感で頭が埋め尽くされた時には、「上司が喜ぶ顔」のほうが「顧客が喜ぶ顔」よりも優先されるため、マーケティング力が低下してしまい、企画力も提案力も生まれてきません。逆に、ひたすら相手（お客様）が喜ぶ顔を想像すると、そこには「好きなことはなんだろう」「どうしたら満足してもらえるだろう」と自然とマーケティング思考にシフトしている自分がいます。

マーケティングの世界では「誰からも好かれようとすると、誰からも好かれない」というようなことがよく言われます。提案をつくる時のキーワードは、自宅に友人を招く時のように「この人を喜ばせるために！」です。

すべての時間が成果の源泉になる

仕事はあなたの人生において、多くの時間とエネルギーを費やすことかもしれませんが、誰にとっても、人生は仕事だけではないはずです。家族や友人と楽しく過ごすひと時、一人でのんびりする時間、夕食がこれまでにないほど美味しいと感じる瞬間、これらすべての時間があなたの大切な人生の1ページを構成しています。

次世代リーダーを目指す人は、目の前にあるこれらすべてのことに熱い眼差しを向けてほしいと思っています。私は、仕事から自由になる時間で得たものが、人間としての幅を広げ、結果的に仕事を充実させ、大きな成果をもたらすことが往々にしてあると信じています。

ウェークアップコール2 時代の空気を読むセンスを磨く

見えないものを見る力をつける

生活者は常に斬新な商品やサービスを求めます。だから、企業は常に新しい価値を生み続けなければなりません。マーケットの変化は、時代の空気を読み、未来の予兆をつかむセンスがあれば、チャンスとなり得ます。「空気」という目に見えないものを感じ、そこから何かをつかむことは、とても難しいことに思えるかもしれませんが、実は少し視点を変えるだけで、そのヒントや切り口が無数にあることに気づきます。

ここからは、「時代を読むセンスを磨く方法」や「時代の捉え方の切り口」となりそうな事例をいくつかご紹介します。それらには共通点があり、すべての事例から人間の心理に則った普遍的な流れが見えてくるはずです。ぜひ参考にして、皆様もさまざまなテーマで時代の空気を読むトレーニングをしてほしいと思います。

時代はスマートエイジング

人生100年時代において、定年後は「余世への入口」ではなく、輝ける後半人生の「スタート地点」です。ビジネスの世界で忙しく過ごしていた日々とは異なる、新たな人生の探求の旅が始まるのです。シニアの心の中に、自分は「年寄り」だという感覚はありません。体力は徐々に低下するものの、健康維持に努めながら、心身の健全さから湧き上がる自信によって内面的にも外見的にもいつまでも若々しくいる。これからはそういう感覚を持った人が増えていき、社会的影響力もどんどん高まっていきます。

働く意欲にあふれた人、スポーツや習い事に熱中する人、社会的ミッションを感じながらボランティア活動に邁進する人など、若々しさにあふれたアクティブシニアたちでいっぱいになるでしょう。時代の空気はまさに「スマートエイジング」です。

価値観も好みも体力も、個人差が大きい高齢世代がマーケットの主役に躍り出る時代。

次世代のリーダーは、一人ひとりのスマートエイジングを支援する新しい商品やサービスを開発しなくてはならないのです。

しかし、「高齢者」「シニア」などのワードから、「バリアフリー」や「いたわり」などといったステレオタイプな高齢者像を連想し、安易に結論づけていることはありませんか。

これまでのイメージを引きずったまま、年代や健康状態などで一括りにして、「60代の人にはこれが売れる」「介護が必要な人にはこれ」などと決めつけたマーケティングをしていたら、時代に取り残されてしまいます。個人ごとの生き方とか価値観の「違い」をもっともっと意識することが大切になります。私たちは、ますます一人ひとりの顧客と真正面から向き合いながらビジネスすることが必要なのです。スマートエイジングを支えるビジネスのキーワードは、「カスタマイズ」を超えて、「パーソナライズ」です。

「あの人にとってのウェルビーイングとは何か」「あの人を幸せにするために何ができるか」と考え、自分が体験したことがないもの、自分が育ってきたリズムとは異なることにも好奇心と探求心を持って、人間の想いや心情を理解しようとするセンスが極めて大切になるのです。

ファスト＆スロー～価値観イロイロ

昔は「時間」単位だったのが、時代とともに次第に「分」単位となり、デジタル化に伴い「秒」単位で世の中が動くようになってきました。さらに、ＡＩの活用とＤＸ化がますます進み、今後は寸分たりとも狂ってはいけないジャスト感覚が求められるようになりそうです。こう伝えると、「やはりこれからは『ファスト化』と『スピードアップ』で、時代に取り残されないようにしなければ！」と結論づけたくなりますが、「果たして、それだけだろうか」と、ちょっと立ち止まって考えてみることが必要です。

生活者が求めている時間の概念は多様化しています。ファスト化の一方で、それとは真逆のスロー化のニーズも広がっています。スピード志向の人もいればスロー志向の人もいます。さらに、同じ人でも、状況によってスピード志向になることもあれば、スロー志向になることもあり得るのです。

ＪＲ九州は、新幹線やリニアモーターカーでどんどん高速化を進めようとする時代に、速度では勝負せずに、上質な非日常空間の車内でゆっくり過ごしながら、九州の真心がこもった美味しい料理を味わい、雄大で素敵な風景を満喫しながら旅を楽しんでもらう「最高のおもてなし列車ななつ星」をデビューさせました。ななつ星人気は沸騰し、かなり高価格であるにもかかわらず、デビュー以来継続的に人気を博しています。

ななつ星は、「旅の目的は名所旧跡を見に行くことだから、列車を高速化して、移動時間を極力少なくする」という従来のファスト化コンセプトを覆し、「初日に列車に乗った瞬間から最終日に列車を降りる瞬間まで、すべての時間をじっくり楽しむことが旅の価値」というコンセプトに変えてしまったのです。

このように、時間に対しては、単に「ファスト派か、スロー派か」という議論ではなく、人々は多様な価値観と行動の選択肢を持っているのです。時間というテーマを切り口にして、「どんな人が、どんな時に、どんな選択と行動をするか」を考えると、さまざまな事業の選択肢が考えられるようになるでしょう。

ファッションからつかむ「生き方スタイル」の多極化

ファッションビジネスが直面している状況を5つ、事例を交えながらご紹介していきます。

この項を通して、「ファッションとは単なる流行りやトレンドの話ではない。人間の生き方、価値観、行動スタイルそのものだ」「ファッションは洋服やアクセサリーなどファッショングッズだけで表現するものではない。食や健康、運動など、モノとコトを総動員した美の追求である」というリフレーミングをしてほしいと思います。また、事例を一緒に考えることで、ファッションに限らず、さまざまなビジネスにおける時代の空気と未来の姿が見えてきます。

1．私の生き方スタイル

「私は私。自分の価値観を大切にしたい。無理して周囲に合わせる必要はない」という価値観を持つ人は、これからますます増えていきます。ファッションとは、その人の生き方そのものです。生き方のスタイルも社会の価値観も明らかに多極化し、それらが共存する時代になっていくでしょう。

「逃げきれない世代」と言われるZ世代の若者たちは、地球温暖化、気候変動、カーボンニュートラルなど、さまざまな社会課題を今の大人世代以上にシビアに捉えており、自己表現の機会となるファッションでもエシカルバリュー（倫理的・環境的・社会的な価値）を重視しています。ファッションの世界が、流行や憧れを追い求め、自分が美しく見えればよいということだけではない時代に突入しています。

これを着ている自分が素敵、このような行動をしている自分がいい感じ、これが私の生き方を表す最強の自己表現、ということがファッションの神髄です。カッコイイの価値観や美意識は、エシカルバリューを取り込みながら、今後ますます多極化していくものと思われます。

2．ブランド価値

市場が成熟化した現在では、消費者は憧れやステータスだけでなく、「品質やセンスがよい」とか「コンセプトに共感できる」など、自分自身にとって実質的なメリットがあるかどうかでブランド品の購入を決めています。また、一人の人が状況に応じて複数のブランドを使い分けます。ブランドの概念が多様化しているということです。

「優れた品質とセンスを持つ独自商品を、納得する価格で購入できるかどうか」という、コストパフォーマンスも含めた真の顧客価値が、従来よりもシビアに問われているのです。

3．ワンショット消費

友人の結婚式に着ていきたい6万円のパーティードレスがあったとします。これまでは「買いたいけれど、たった1日しか着ないドレスに6万円を投じるのは高いなあ」と思って我慢し、それよりも安価なドレスを購入していたと思います。しかし、メルカリに代表されるフリマサービスの登場により、4万円で売れることを前提に6万円のドレスを購入する「ワンショット消費」が増えてきました。購入方法の選択肢がマルチ化すると、人々は自分にとってベストな方法で、ほしいものは我慢せずに入手するようになります。一方、それは必ずしも「ずっと所有する」ということではないのです。購入の方法も所有の概念もマルチ化しています。

4．インフルエンサーとディ・インフルエンサー

これまでは、影響力のあるインフルエンサーが「これが素敵です」「これがお薦めです」と発信するとマーケットが動く時代でした。今新たなトレンドとなりつつあるのが、ディ・インフルエンシングと呼ばれるムーブメントです。SNSのインフルエンサーたちは人々に買い物を呼びかけ、消費を促進していますが、その結果、不必要なアイテムにお金を浪費してしまう人が増えています。これに対し、ディ・インフルエンサーは流行りに乗せられて不要なものを買わないよう、人々を説得しようとしています。影響者の世界も多極化しているのです。

5．パーソナライズ

これまでは、衣服や化粧品、雑貨などを通じて「美しい私」「輝く私」「カッコイイ私」をつくるのがファッションの使命でしたが、今ではファッションは「モノ」の概念を超えています。

人々は、衣服、化粧品、雑貨など狭義のファッションだけでなく、食事、運動、医療など「健康な身体をつくる分野」、さらには、パワースポット巡りや座禅や写経などといった「健全な心をつくる分野」まで、あらゆる分野のコンテンツを総動員して「美の追求」「個性の追求」をするようになりました。つまり、「美」の解釈が多様化しているということであり、みんなが目指す美しさのゴールから、一人ひとりが異なるゴールを目指すものに変わってきているということです。

個々の顧客の主張や生き方、行動特性をマーケティングして、その人のウェルビーイングを実現するサービスを提供することこそがファッションビジネスの使命なのです。ファッションビジネスでなくても、同様のことが言えそうです。

ウェークアップコール3 感謝と使命感を原動力に

感謝をベースにした5つの視座

自らの卓越性に自信たっぷりの人は周囲からリスペクトされず、求心力がありません。間違いや失敗を部下のせいにするリーダーには、誰もついていきません。リーダーシップは人格的な統率能力です。にじみ出る人間性が最も大切な要素です。

周囲の人々に支えてもらって仕事をしているという感謝の念を持ち、それをメンバーに行動で示しているだろうか？　支えてくれるメンバーたちのためにも、「もっとよい職場にしなくては」という責任感や使命感を持って、先頭に立って率先垂範しているだろうか？

ぜひ自問自答してみてください。実は、そのような感謝と使命感を持つことがリーダーシップを発揮するための最大のポイントなのです。

ここからは、次世代リーダーに持ってほしい感謝をベースにした5つの視座についてお話します。

1．われ以外皆わが師

「あなたの師と呼べる人は誰ですか」と問われたら、どう答えますか。

誰もがそれぞれに立派な恩師に出会っていると思われますが、医師にとっては患者、教師にとっては生徒、販売員にとってはお客様ということになるかと思います。「えっ、反対じゃないの？」と思うかもしれませんが、患者、生徒、お客様から日々学ぶことによって、医師として、教師として、販売員として成長していくのだから、「一番の師」で間違いないのです。このように多くの場合、身近なところに師となる存在があります。

2．反面教師

振り返ると、私たちは「悪い人」「変な人」「ずるい人」とたくさん出会っていると思います。その時、私たちは「こんな奴みたいには絶対ならないぞ！」という誓いを心の中で立てるでしょう。よくよく考えると、そういう人たちがいたからこそ、私たちは誓いを立てることができたのです。反面教師という存在は、「私はそういう人にはならない」という「ケーススタディ」になってくれる人のことです。ここでも「われ以外皆わが師」であり、出会わなかったほうが良かった人など一人もいないということがわかるでしょう。

3．お互い様　エールの交換

あるミュージシャンにガンが見つかり、医師に命を救ってもらいました。「本当にありがとうございました。再び歌えるのは先生のおかげです。私は先生に対して何もできませんが……」と御礼を伝えた時、医師から「医者という職業は、思うように治療が進まなかったり、担当していた患者が亡くなったり、ご家族の悲痛な姿を目の当たりにしたり、滅入ることばかりです。死んでしまいたいくらい失意のどん底に陥る時がよくあります。そんな時、元気をくれるのがあなたの歌なのです。私は、日々あなたの歌に救われているのです。御礼を言いたいのは私のほうです。本当にありがとうございます」という言葉が返ってきました。異なる職業に就いている人同士でもお互いに助け合っていて、常に「エールの交換」をしているのです。それぞれの道でプロフェッショナルになることは素晴らしいことですね。

4．ライバルは最大の恩師

「あいつさえいなければ、私がチャンピオンになれるのに」と考える人は、永久にチャンピオンにはなれないでしょう。ライバルはあなたを燃えさせる最高の存在です。「あなたがいたからこそ、苦しい自己研鑽に耐えられた」ということでしょう。

シドニーオリンピックの女子マラソンで金メダルを争った高橋尚子選手とルーマニアのリディア・シモン選手、平昌オリンピックのスピードスケートで金メダルを争った小平奈緒選手と韓国のイ・サンファ選手など、多くのライバル同士がその後、国境を越えた熱い友情で結ばれているのは、ライバルでいてくれたことへの感謝と尊敬の気持ちに由来しているからだろうと思います。

5．良薬は口に苦し

「堂々と」あるいは「ズケズケと」痛いところを突いてくる人に対しては、普通は「嫌だなあ」「避けたいなあ」という気分になります。そう言ってくれる人を嫌だから避けるか、大切な存在だと思うか。その人の存在をどう思うかがあなたの成長の分岐点になります。

「あの言い方があの人の特徴だ」「私にとってはテキストだ」と太っ腹な受け止め方ができたら、どれだけ自分の成長につながるでしょうか。避ける、無視する、苛立つ、キレる、というストレスに通じる悪循環に陥らないように、「良薬は口に苦し」ということわざを大切にして、「私にとってはありがたいこと」と冷静に受け止めたほうが得策でしょう。

AIと共存する時代の人間力

これからの社会は、AIの存在抜きに語ることはできません。モノの生産はもちろん、人海戦術でこなしてきた事務作業、企画や交渉、さらには接客に至るまで、あらゆる仕事で、ますますAIの恩恵を受けることになるでしょう。

「それでは人間の仕事がなくなるのではないか」と心配する人が多いようですが、私は次

AIの仕事　人間の仕事

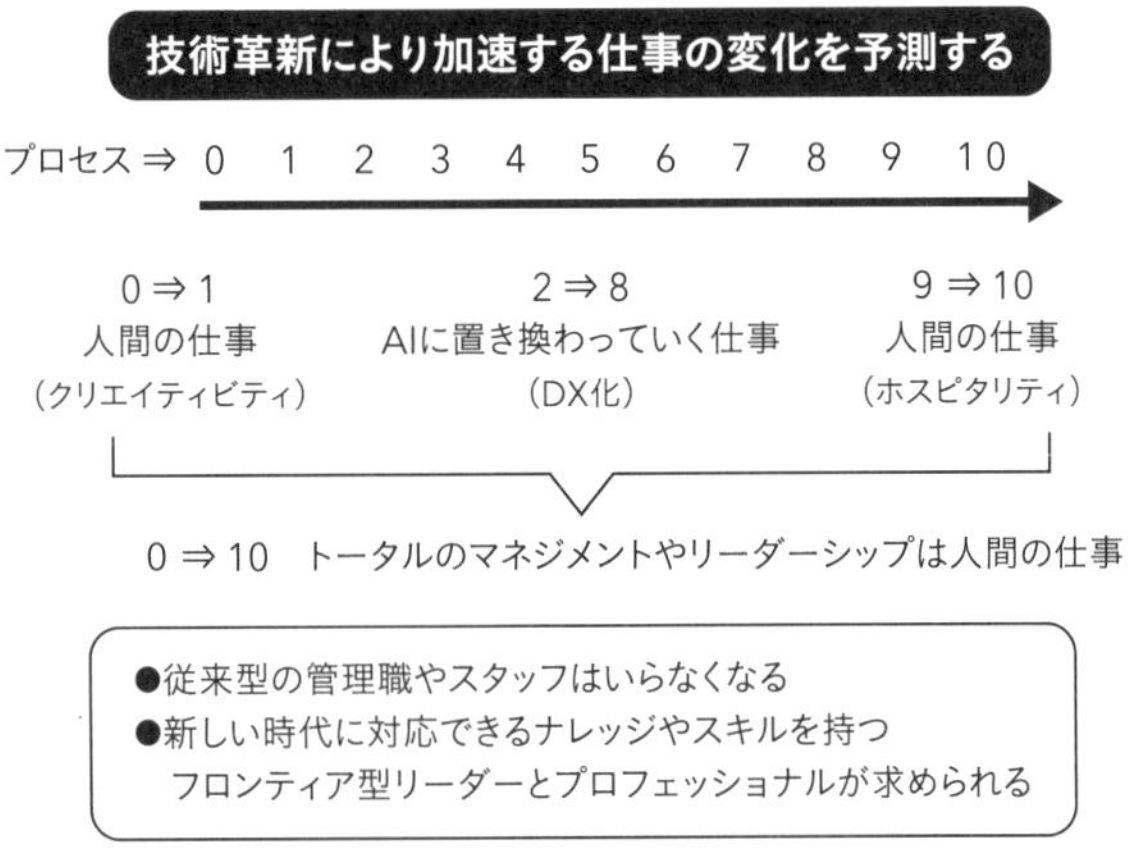

の図で示すように、クリエイティビティ、ホスピタリティ、リーダーシップなどは、人間に分がある領域だと考えています。逆に、ＡＩの時代だからこそ、あの人から買いたい、心豊かな人と一緒に仕事をしたい、という気持ちが高まるでしょう。人と人との接点から生まれる真実の瞬間が、ウェルビーイング実現の最大の要素であることは昔も今も変わりません。

次世代リーダーは「感謝と使命感」「人間性と専門性」がますます大切になることを意識しながら行動を革新してほしいと思います。

上司力を発揮する「6つの面談フロー」

組織のリーダーにとって最も重要な職務の1つは、担当する組織のメンバーのモチベーションをアップさせることです。メンバー一人ひとりのモチベーションの高さによって、組織全体の成果が大きく異なってきます。リーダーからの「ありがとう」の言葉は、メンバーにとっては「心の報酬」です。激励、感謝、ねぎらい、ほめ言葉、アドバイス、これらのすべての声掛けが心の報酬となります。

だから、リーダーは普段から一緒に働くメンバーのモチベーションアップと挑戦意欲を高める「パワーフレーズ」をかけることを意識し、さらにそれをグッドタイミングでメンバーに伝えることが重要です。

それにはトレーニングが必要です。なかなか咄嗟に言葉が出てこないという人は、「あ」はありがとう「い」はイイネ、「う」はうまくいくさ、「え」は笑顔が最高、「お」は面白い……など、最適なパワーフレーズが咄嗟に飛び出すよう「パワーフレーズかるた」を準備しておくことをお勧めします。

上司力を発揮する「6つの面談フロー」

面談の前段部分	フロー1	感謝
	フロー2	ねぎらい
	フロー3	ほめる
面談のコア部分	フロー4	成果と課題の確認
面談の後段部分	フロー5	上司宣言
	フロー6	クロージング

さて、人間的な会話によって上司力を発揮する方法として、上の図のような「6つの面談フロー」が参考になります。

たとえば、定期的におこなう目標管理の面談をイメージしてください。目標達成度の確認に入る前に、前段となる3つのフローから面談に入ることが重要です。

【フロー1】感謝

例　いつも職場を支えてくれてありがとう。

【フロー2】ねぎらい

例　身体を張って頑張っているね。お疲れ様。

【フロー3】ほめる

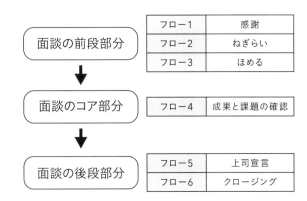

例 あなたの笑顔が職場全体を明るい雰囲気にしていますね。

そのうえで、肝心かなめの目標達成度の確認をおこなうことになります。挑戦意欲を高めるためには、概ね次のようなことを確認することになると思います。

[フロー4] 成果と課題の確認（面談のコア部分）

・成果責任を果たしているか
・予算など数値目標の達成度はどうか
・業務改善など職務活動を適切に遂行しているか
・創意工夫して新しい価値を生み出す活動をしているか
・仕事を通じて専門技術やリーダーシップはレベルアップしているか
・顧客からの評価はどうか。ブランド価値は高まっているか

フロー4の目標達成度の確認とフィードバックが済んだら、大切なクロージングが待っています。

［フロー5］　上司宣言

例　上司としてこのように支援したいから、困ったことがあればいつでも相談に来てください。

例　私自身は、このような目標を達成しようと思っています。ぜひ力を貸してください。

［フロー6］　次につながるクロージング

例　ハードルは高いけれど、目標達成に向けて、一緒に頑張りましょう。

リーダーシップ発揮の絶好の機会となる目標管理面談では、フロー1からフロー6までのストーリーをしっかり組み立て、メンバーの普段の努力を思いやる人間的な会話をしなければなりません。しかし、そのような会話ができるかどうかは、上司の本気度やメンバーとの普段のコミュニケーションにかかっています。「本当にメンバーに感謝しているか」「本気で育てる気があるか」「普段からメンバーの仕事ぶりをよく見ているか」ということが問われるのです。多くの上司はメンバーに対する感謝の心や育成マインドが希薄です。だから面談もフロー4だけに終始してしまいます。

目標管理の面談は、上司やリーダーの常日頃の思考と行動が浮き彫りになり、真のマネジメント力が問われる、言わば試金石です。ぜひ感謝を伝える言葉から始める人間的な面談を心がけてください。

マイスペシャルサンクスデー

私たちの人生は、人との出会いや関係づくりによって形成されていきます。出会いによって、生かされています。幸せを運んでもらっています。時に試練ももらいますが、結果として成長させてもらっているのです。私は出会いという「奇跡」に感謝します。

私は半年に1回ずつ、「スペシャルサンクスデー」という日を設けています。その日は、スペシャルサンクスノートを取り出して、1日かけて、感謝する人の名前を一人ひとり手書きで書き出していきます。書き出しながら、その人に想いを馳せるのです。

新たに出会えた人の名前を書きながら、出会えた偶然に感謝します。そして、これからますますよい関係に発展していくように祈ります。

以前よりも関係が遠くなっていても、これまでにお世話になった人はすべて書きます。「離れたからもういいや」と見切りをつけたり、存在を軽んじたりしたら、再会したときによい関係を築くことはできないでしょう。

これまでに出会った人の名前を書き出していると、思い出が走馬灯のように私の心の中を駆け巡ります。毎回、「ああ私はこんなにも多くの人たちに支えられて生きているのだなあ」という、この上ない感謝の気持ちが湧いてきます。書いている最中に「あの時、あのこと、ありがとう！」と思わず口走ってしまうこともあります。思い出すと涙が出てしまいそうになることもあります。

そして、亡くなった人も書きます。その時、いつも思うのは、あの人にあんなにお世話になったのに、お返しができていないということです。「親孝行、したい時には親はなし」という実にせつないことわざがありますが、「あの人にお返しできていない恩、お返ししたい。でも、もういない。どうしたらいいのだ」という、やるせない気持ちが押し寄せます。「親にもらった恩や亡くなった人にもらった親切は、社会に還元するしかない。より多くの人に還元することで、その人に報いるしかないのだ。世代の差は、そうやって埋めていくものだ」と決心します。当人への「恩返し」はできないけれど、より多くの人への「恩送り」をすることが新たな使命だと実感すると、亡くなった人への「私のチャレンジを見ていてほしい！」「もっと頑張らなくては！」という気持ちも高まってくるのです。感謝と使命感は、このようにセットになっているのです。

スペシャルサンクスデーは、「次の半年間、また怒涛の一歩を踏み出すぞ！」という新たなチャレンジに向けたリスタートの日となります。

人間性と専門性～人間味あふれるプロフェッショナルを目指して行動開始

「人間性」と「専門性」は、どちらも次世代リーダーに発揮してほしい重要な要素です。どうしたら人間性と専門性が高まるのか、一緒に考えてみましょう。

まずは、リーダーに求められる人間性について考えていきます。

ドラッカーは『現代の経営』（ダイヤモンド社刊）という著書の中で、大変重要なことを述べています。

「真摯さはごまかしがきかない。一緒に働けば、特に部下にはその者が真摯であるかどうかは数週間でわかる。部下たちは、無能、無知、頼りなさ、無作法など、ほとんどのことは許す。しかし、真摯さの欠如だけは許さない。そして、そのような者を選ぶマネジメントを許さない」

「真摯さがない者を組織のリーダーにしてはならない」ということを経営者にも個人にも

強烈なメッセージで発信しています。リーダーに求められる人間性として、真摯さを身につけることが不可欠と言えます。

また、人間性は、「心の豊かさ」と言い換えることもできます。

心豊かな人とは、たとえば、人の喜びや幸せを心から願える人、人の心に寄り添いながら支援できる人、苦悩もリスクもともに背負える人、共感をシェアできる人、心の底から感謝できる人、どんな時も希望を感じさせる人、誰にも負けない「真摯さ」を持つ人……。社内外問わず「あの人にお願いしたい」「あの人と一緒に仕事をしたい」と信頼されている人は、こんな人たちではないでしょうか。仮に、世の中の仕事をどんどんテクノロジーが賄うようになった時、最終的に生き残る人は、そのような心豊かな人なのだと思います。

ただし、あまりに「でき過ぎている完璧な人間」だと、あるべき姿や高潔さを見せつけられたことで、共感をシェアできなくなり、むしろ自分とのギャップを感じてしまい、一緒に仕事をすることがつらくなってしまうこともあります。

一方で、

・上司があなたに「頼むよ」「頼りにしているからね」と声をかけてくれる

・上司が「実は私も心細いんだ」「私も悩んでいるんだよ」と本音を打ち明けてくれる
・上司が「あなたはどうしたらいいと思いますか」「一緒に考えてほしい」と意見を求めてくれる

そのような上司の言葉は、部下としては嬉しいものです。

自分と等身大の目線で話してくれる姿勢を示してくれる上司、弱みも本音もさらけ出してくれる上司のほうが部下は尊敬し、ついていきたくなります。人間味にあふれたリーダーが求められているのです。

人間って不思議なものですね。弱みを持っている人のほうが、自分の悩みや痛みをわかってくれそうで安心します。人間だから、やけっぱちで失意の時もあります。怠惰で何もする気になれない時もあります。でも、それでいいのではないでしょうか。完璧さを求める必要はありません。それらを全部抱きしめて、自然体で臨めばよいのです。

一日中何もしたくない、何もしない、ただ音楽を聴いているだけ……私もそんな時があります。高らかにチャレンジ宣言して、がむしゃらに前進する時もあれば、一歩後退する時もあり、ただそこに留まっているだけの時もあります。要は、人間性とは、美しさ、力強さ、高潔さ、勤勉さなど、卓越性の中にだけ存在するのではなく、弱みも失意も怠惰な面も持ちながら、真摯に生きている姿だと言えるでしょう。ゆえに、人間性を磨く時には、真摯さだけは失ってはなりません。あとは、ありのままでいればよいのです。自分に正直な姿を見せれば好感を持たれるはずです。決して、強がってみたり、虚勢を張ったり、体裁を整えたりする必要はないのです。

「類は友を呼ぶ」という言葉があるように、共感をシェアできる人同士は自然に出会い、つながっていきます。こう考えると、人間性を高めることはより多くの人とつながり、人生を好循環させていくための必須要件です。この「永遠のテーマ」にどう挑戦していくか、シンプルに考え、行動に移してください。

専門性を高める

次世代リーダーの皆様には、「頼りになるリーダー」になってほしいと思います。それには「優しさ」とともに「力強さ」が必要です。前述した「人間性」を優しさとするなら、それと同じくらい必要な素養である「専門性」が力強さに該当するでしょう。あなたならではの専門スキルを身につけることが大切です。

近年耳にすることが多くなったスキリングについて解説します。スキリングとは、知識・専門性・資格取得など、仕事で必要とされるスキルを習得するという意味です。ビジネスで必要なスキリングには次の4つの種類があります。

1つ目は、実務遂行のベースとなる専門知識・実務ノウハウ・専門資格などの習得です。

2つ目は、論理（戦略）的に思考するノウハウの習得です。

3つ目は、コミュニケーション、リーダーシップ、ホスピタリティなど、対人関係ノウハウの習得です。

4つ目は、知識を仕事の知恵に転化する実践応用ノウハウの習得です。〝仕事脳を形成する〟とも言われます。

次世代を担うリーダーは、新しい時代に必要なスキル、変化の先頭に立って価値をつくっていくためのスキルを高めなくてはいけません。

周囲が資格取得に取り組んでいるから私も何かしなくては……という焦燥感からではなく、まさに、自分自身の仕事観に則って将来のリーダー像や仕事の全体構図を描き、「私には何が求められるのか」を想定しながらスキリングに取り組んでいただきたいと思います。

5つのドライバーを自己認識する

自分自身の「5つのドライバー」を認識しながら、キャリア開発にチャレンジすることが重要です。5つのドライバーとは「やりたいこと（Will）」「やれること（Can）」「期待されていること（Must）」「なりたい姿・到達目標（Future）」「学びと挑戦（Challenge）」のことです。会社が「示してくれる」「与えてくれる」時代から、自分の意志で選択と挑戦を繰り返す時代へとシフトしています。個人は、自らキャリア開発目標を設計しなくてはなりません。キャリア開発の仕組みが、会社主導型から個人主導型に転換していくということは、自己責任による自己判断の度合いが増すという意味でもあります。

5つのドライバーを念頭にマイルストーンを置いて、「何歳までに」「この時期までに」「このスキルを身につける」「この資格を取得する」という能力開発目標を具体的に設計することが大切です。25歳、30歳、35歳など、キャリア設計のターニングポイントを自分自身で設定し、「いつまでに何をやるか」を決めて、挑戦に踏み出してほしいと思います。

ウェークアップコール4 差別化は感性から生まれる

新時代のマーケティング〈10の行動指針〉

競争戦略で一番大切なポイントは、言うまでもなく「他社には真似ができない、自社だけの独自価値を提供し、マーケットを開拓すること」です。マーケティングの分野では、今後ますますＡＩを活用した高度な顧客情報の収集と分析がおこなわれるようになります。ただし、データ分析だけで独自価値を生み出すのは難しいと思います。データを独自価値の創造に結びつけるには、やはり実際のユーザーと真正面から向き合って、自社が提供できる価値は何なのかを一人ひとりが真剣に考えるという、根源的なアクションがより重要になるのではないでしょうか。

ＡＩの活用やＤＸ化が進むと、それらに代替されていく仕事が増えると同時に、人の存在がこれまで以上に重要な意味を持つ仕事も増えていきます。マーケティングの手法においても同じことが言えます。

マーケティングは情報収集とデータ分析が入り口になります。それをもとに、人の心を読み解く連立方程式を解く作業に取り組まなければなりません。とても複雑でデリケートな人の心理というものを理解し、お客様と直接触れ合うライブ感覚のマーケティングを実施してほしいのです。データ分析に偏りがちなマーケティングのプロセスに、お客様の空気感や息吹や魂を吹き込むことで、はじめて差別化された商品やサービスを生み出すことができます。そう考えると、マーケティングは、アクティブで楽しい人間学とも言えますね。マーケティングを楽しむとあなたも会社も強くなります。

さて、マーケティングは、すべての仕事の前提や起点となる重要な仕事です。事業の革新に有効なマーケティングに転換するための具体的な行動指針を10個策定してみました。すでに実行されているものもあると思いますが、「差別化は感性から生まれる」という信念を持ってマーケティングを変えていってください。

新時代のマーケティングに転換するための10の行動指針

①PDCAではなくDCPA

まずは実際にやってみて様子を見る→そのうえで本格的に計画して取り組む

②差別化は人間の「感性」から生まれる

分析はどんどんAIに代替される　データに依存すると同質化する…分析とロジックだけではなく、生活者と直接語り合うマーケティングを取り入れる

③顧客セントリックから顧客エキセントリックへ

顧客主義を標榜するだけでは価値を生まない…他社にはない徹底した顧客密着のマーケティング行動を創意工夫することでイノベーションが生まれる

④自分のこだわりを捨てない

顧客の声をすべて受け入れても、それだけでは味気のないものになる…自分のこだわり

を持つ

⑤イノベーションは顧客直視の結果

顧客と社会の課題に素直に向き合う…何としても課題を解決しようとすれば、結果としてイノベーションが生まれる

⑥自分たちの技術だけで成果を生めると思わない

顧客や社会のニーズは複雑多岐にわたるもの…技術より大切なのは、課題を解決できる技術を持つ個人や企業との新たなネットワークを見つけ出すこと

⑦80：20のルール

大方のことは80％の完成度でよい…100％を目指せば5倍の労力がかかる…それよりも、スピード！　スピード！　スピード！

⑧業績評価よりもポテンシャル

業績評価は過去を振り返る一時的なもの…大切なのは未来に向けて何ができるかのポテンシャル

⑨決断力よりも修正力

未来のことに対して100%正しい決断はあり得ない…「それはおかしいな」と率直に言えて、すぐに修正に取り掛かれるチームづくりが大切

⑩変化の先頭に立つ

あらゆる変化がすべてを劣化させる…私たちのミッションは「常に劣化を食い止めること」という危機感を持ってチャレンジを続けること

売れたら始まり～「売れたら仕事は終わり」という仕事観を根底から変える

これまでビジネスで中心となっていた価値観は、「モノを売るまでが仕事で、モノが売れたら終わり」というものでした。それゆえ、ほとんどの会社で仕事の到達目標は「とにかくたくさん売る」ことでした。ところが、モノや情報があふれる現代においては、長い

間続いてきたデマンドチェーンに大きな変化が現れています。商品やサービスのコモディティ化が進み、他社との差別化を顧客サービスが担うことが増えてきたのです。そしてビジネスの価値観は「モノが売れたら終わり」ではなく、「モノが売れたら始まり」に変化し、顧客との関係を長く継続させることが最重点課題となっています。

たとえば、スポーツメーカーのナイキは、スポーツシューズの製造販売だけでなく、ナイキプラスやナイキランクラブなどの顧客参加型コミュニティづくりに取り組んでいます。多くの企業は今、商品とは別に企業のＳＮＳアカウントを立ち上げ、企業そのもののファンを獲得するために多くの時間と予算を割いています。モノの製造やサービス・販売を起点として、その後も顧客との関係を継続する事業モデルづくりに心血を注いでいるというわけです。

私は長い間百貨店で働いていたので、「売れたら始まり」は身近な問題として捉えることができます。これから例に挙げるのは、私が百貨店で働いていた経験をもとにしていますが、ぜひ自分自身の仕事の現場をイメージしながら読んでください。

〈SYSTEM＋THINK＋HEART〉で人格集合産業に

百貨店各社は、長い間幅広いお客様に対して店頭で商品を売り切ることを中心とした商売をしていましたが、2010年代になってから、富裕層やVIP客をメインターゲットにして、外商と言われるお得意様ビジネスを強化し始めました。マーケティング戦略としてのフォーカス&ディープ（狭く、深く）を実行したのです。「誰からも好かれようとすると誰からも好かれない」という言葉の通り、百貨店の強みである優良顧客資産を活かした事業への集中という点で、この戦略は間違っていないと思われます。

店頭は今後ますますテナント化が進み、個別のブランドだけで勝負しようとすると店舗事業は同質化の一途を辿ってしまうことになります。それを防ぐためには、各テナントの販売職がタテ糸、お得意様サービス職がヨコ糸となって、ブランドの壁を越えたパーソナルサービスを提供することが重要になります。また、DX化により顧客情報の分析が従来とは桁違いにできるようになったことで、お得意様ビジネスをマーケティング面からバックアップできるようにもなりました。

ただし、サービスをパーソナライズするお得意様ビジネスで最も重要なのは、そこで働くスタッフの人間力にほかなりません。どんなに優れたシステムを導入しても、それを駆使して創造的なサービスを生み出す人間が何も考えず、前例踏襲のサービスを提供するだけではお客様に選んでいただけません。そこで、能力開発システムの差別化が不可欠となります。それは、商品知識とセールストークを中心とする従来型のスキルアップ学習から、〈SYSTEM＋THINK＋HEART〉を学ぶ「人としての魅力を磨くための能力開発」にバージョンアップすることにほかなりません。究極の差別化要素はここにあります。

全産業で〈SYSTEM＋THINK＋HEART〉を学ぶ能力開発を通じて、労働集約産業でもシステム産業でもない「人格集合産業」の実現に向かって邁進してほしいと願っています。

顧客ロイヤリティを考える

「これを知る者はこれを好む者に如かず。これを好む者はこれを楽しむ者に如かず」という孔子の言葉のように、プロフェッショナルに近づくのは、商品知識や顧客情報が豊富になった時ではなく、「お客様のことをよく知り」「お客様を好きになり」そして「この仕事が楽しい」と思えるようになった時です。これは極めてシンプルな原理だと思いますが、そのことがよくわからない人が多いのです。原因の1つは、組織の中に「人間関係学」を教える人がいないことです。

お客様との関係を考えることは、つまり「顧客満足」や「顧客ロイヤリティ（＝お客様が自社に好感を抱くこと）」について考えることにほかなりません。

基本的な話ですが、「ファン」を獲得するためには、まずは顧客満足度を高め、それをきっかけにして顧客ロイヤリティを高めていくという順番で考えることが必要です。そうすれば、商品やサービスを通じて好感を持ってくれたお客様が、心の満足だけで終わらずに、私たちにとってプラスになる行動をしてくれるようになります。顧客ロイヤリティが私たちにもたらす具体的な効果は、以下の5つのキーワードで示すことができます。

「リピート」　何度も繰り返し利用・購入してくれます。
「スケール」　売上の規模がどんどん拡大していきます。
「ワイド」　利用・購入する商品やサービスの幅がどんどん広がります。
「ロング」　顧客との関係が継続・長期化していきます。

「シェア」　口コミやSNSで私たちのことを自ら進んで宣伝・紹介してくれます。

これらは単独で拡大向上していくのではなく、5つの要素が相互に連鎖しながらスパイラルアップしていきます。こんなふうに、お客様との関係強化がビジネス拡大を加速する顧客ロイヤリティの特徴を把握すると、チャレンジが楽しくなり、自分磨きに拍車がかかるはずです。そして、お客様と強固な関係を構築することができれば、結果的に数字は後からついてくることになるでしょう。

「売れたら始まり」の時代の挑戦目標や評価尺度は、これまでの「期間内に売り切ってしまえ」という短期業績志向から、「ライフタイムバリュー」と言われる「生涯売上高」にシフトしていきます。お客様と感動的な時間を共有し、顧客ロイヤリティを高め、ライフタイムバリューに結びつける仕事観に転換し、行動することが重要なテーマになります。

ウェークアップコール5 バックキャスティング思考を持つ

大谷翔平選手の目標達成シートに見るバックキャスティング思考

「バックキャスティング」という思考法があります。これは、最初に目標とする未来像や到達目標を描き、次にその未来像を実現するための道筋を現在へとさかのぼって考えるシナリオづくりの手法です。幕末の日本のリーダーの一人である吉田松陰が未来を担う若者たちにこんな言葉を述べています。「夢なき者に目標なし。目標なき者に計画なき者に実行なし。実行なき者に成功なし。ゆえに夢なき者に成功なし」これがバックキャスティング思考の典型的な事例です。現在を始点として、改善プログラムを積み重ねながら未来を描く「フォアキャスティング」と対極の思考法です。

フォアキャスティング型のシナリオづくりは、現在の延長上で未来を描けば、概ねその通りになる場合は有効ですが、環境が大きく変化していく中で、未来を描くには不向きで

バックキャスティングの思考イメージ

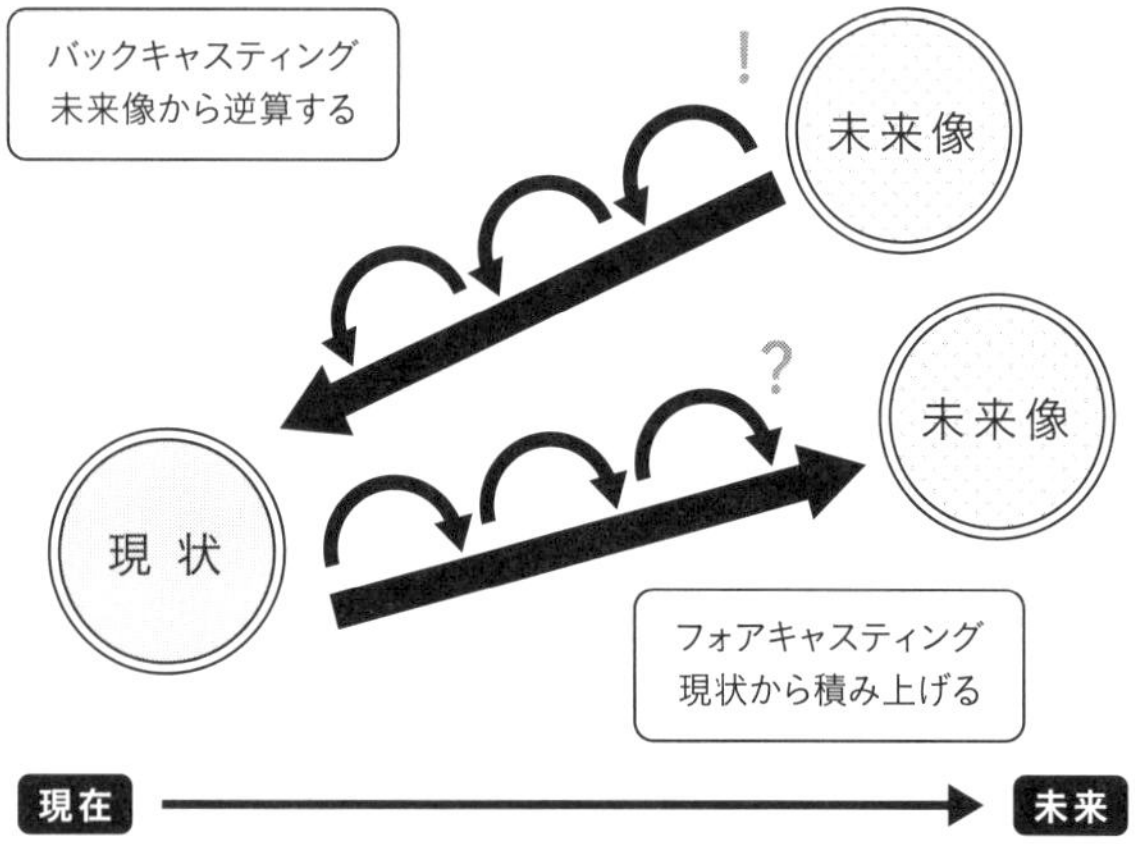

す。言い換えると、これからの時代はバックキャスティング型のシナリオづくりをしなければならないということになります。

バックキャスティング思考では重要な要素が4つあります。①夢を持つこと、②実現の可能性を信じること、③何を言われても折れない心を持つこと、そして④アクションプログラムに則って粘り強く挑戦を続けることです。

その典型的な事例が、メジャーリーガーの大谷翔平選手です。大谷選手は花巻東高校一年生の時に「目標達成シート」を作成しました。左ページの図のように、81マスのど真ん中にコアテーマ（究極の到達目標）を記入し、その周りの8マスに、コアテー

大谷翔平選手が高校時代に作成した目標達成シート

体のケア	サプリメントをのむ	FSQ 90kg	インステップ改善	体幹強化	軸をぶらさない	角度をつける	上からボールをたたく	リストの強化
柔軟性	体づくり	RSQ 130kg	リリースポイントの安定	コントロール	不安をなくす	力まない	キレ	下半身主導
スタミナ	可動域	食事 夜7杯 朝3杯	下肢の強化	体を開かない	メンタルコントロールをする	ボールを前でリリース	回転数アップ	可動域
はっきりとした目標、目的をもつ	一喜一憂しない	頭は冷静に心は熱く	体づくり	コントロール	キレ	軸でまわる	下肢の強化	体重増加
ピンチに強い	メンタル	雰囲気に流されない	メンタル	ドラ1 8球団	スピード 160km/h	体幹強化	スピード 160km/h	肩周りの強化
波をつくらない	勝利への執念	仲間を思いやる心	人間性	運	変化球	可動域	ライナーキャッチボール	ピッチングを増やす
感性	愛される人間	計画性	あいさつ	ゴミ拾い	部屋そうじ	カウントボールを増やす	フォーク完成	スライダーのキレ
思いやり	人間性	感謝	道具を大切に使う	運	審判さんへの態度	遅く落差のあるカーブ	変化球	左打者への決め球
礼儀	信頼される人間	継続力	プラス思考	応援される人間になる	本を読む	ストレートと同じフォームで投げる	ストライクからボールに投げるコントロール	奥行きをイメージ

（注）FSQ、RSQは筋トレ用のマシン　（出所）スポーツニッポン

マ実現に不可欠な8つのチャレンジ項目を書き入れ、チャレンジ項目ごとに、8つのアクションプログラムを設定して記入します。こうして合計81マスの「目標達成シート」が完成します。

大谷選手はこのシートに則って日々チャレンジを積み重ねました。その結果、皆さんもご存じの通り、世界一のプレーヤーになるという夢を実現させました。今だからこそ誰もが納得することですが、当初は「大言壮語する子だな」とか「二刀流なんてできるわけないよ」と、大谷選手の言動を冷ややかに見る人も多かったのです。

しかし、どんなに反対意見が多くても、

自らの可能性を信じ、夢に向かってどんどん前に進み、実績を積み重ねていくうちに大谷選手に対する周囲の目線も次第に変化していきます。そして、目標達成シートを見た人たちは、なぜ大谷選手が夢を実現できたのか、その要因を知ることになり、180度と言っていいほど意見を変え、前言を撤回していきました。

技術的成長とともに人間的成長も目指す大谷選手の目標達成シートはとても素晴らしいものですが、ただ感心しているだけでは何も始まりません。バックキャスティングの好事例を自らの成長と挑戦に結びつけるためには、どのように目標達成シートと向き合うべきでしょうか。

「あなたはどのようなリーダーを目指しますか？」という問いを立て、目標達成シートづくりを始めることをお勧めします。目指すリーダー像を大胆に描きながら、目標達成シートに落とし込んでみてください。億劫がらずに取り組んでみると、ゴールイメージも、今やるべきことも、はっきり見えてくるはずです。

バックキャスティング思考でベリーベストジョブを目指す

「仕事とは何か？」という質問にどう答えますか。問いの答えは人それぞれですが、仕事とは、ただ機械的に作業をこなすものではなく、「誰かのために問題を解決して、感謝されるもの」だと考えるとよいのではないでしょうか。人々の幸せ実現のお手伝いをするための創意工夫をすること、そしてそれが自分の喜びにつながるところに仕事の本質があると思うのです。

だから、「何のために何をどのようにやるか」を考えながら取り組むことが重要です。自分自身の仕事を顧みながら、常に次の5つのことを問い続けてほしいのです。

この仕事は誰を幸せにするか
この仕事は社会に役立つか
この仕事は楽しいか
この仕事は新しいか
この仕事は長期利益を生むか

日頃、これらのことを考えると、人の喜びや感動や悩みや痛みを我がことのように実感を持って受け止めることができるようになり、それがベリーベストジョブにつながるのです。

ベリーベストジョブの追求～仕事の質を高めるための3つのステップ

質の高い仕事をしようと考える際、最初からハイレベルのチャレンジをしようとする人がいますが、あまりお勧めしません。きちんとマイルストーンを置きながら、着実にステップアップすることが重要です。「ホップ」「ステップ」「ジャンプ」の3段階で仕事の質を高めていく事例を紹介します。

〈ホップ〉
「これだけは絶対しない！」ということを自分と約束する

(具体例)
・お客様や仲間の悪口を言う
・よい結果が出ない時に、相手を非難する
・課題がはっきりしない時や先行きが見えない時に、不満を口にする

・機械的な対応で型通りの答えをするだけ

〈ステップ〉
いつでもどこでも当たり前のことを100%できるようになる
「100－1＝0」できなかったら一気に信頼を失墜する覚悟を持つ

(具体例)
・お客様からの問い合わせ・要請・不満等については最後まできちんとフォローする
・常にお客様の役に立つ情報や要求に合ったサービスを提供しようと心がける
・問題が生じたら、主体的に柔軟かつ迅速に解決しようとする

〈ジャンプ〉
お客様の喜びが自分自身の喜びというマインドでお客様に寄り添う
お客様自身も気づいていない潜在ニーズを先回りして発見する

（具体例）
・常に期待を超えるサービスを心がけ、お客様より先回りして考え、準備する
・表面的なニーズだけでなく、満たされないニーズをどう満たすかを考えながら提案する
・お客様にとっての長期的利益を重視しながら問題解決に取り組む
・本当にお客様のためになると思ったら、お客様の要求と異なる方法であっても提案する

この時に最も大切なのが、はじめに「ジャンプ＝ベリーベストジョブ」を描くことです。いきなり到達はできないけれど、「いつか、こうなってみせる！」という心意気を持って、ゴールイメージや到達目標を描いてホップ・ステップ・ジャンプに取り組まないと、いつまで経っても「〇〇をしてはいけない」の段階にとどまります。バックキャスティング思考、すなわち、ベリーベストジョブをしっかり描いて、力強く前に進んでいただきたいと願っています。

「仕事の３要素」を考えてチャレンジする

焦って成果ばかりほしがっても、必要なインプットがなければ期待するアウトプットは

仕事の3要素

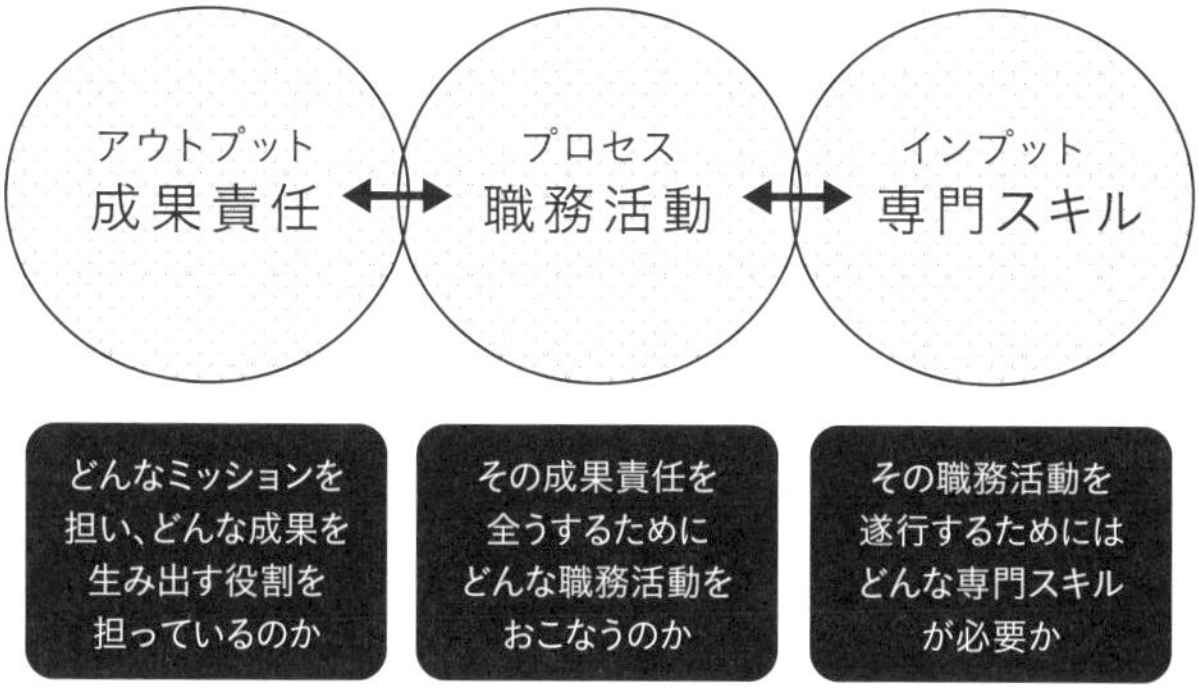
アウトプット
成果責任
プロセス
職務活動
インプット
専門スキル
どんなミッションを担い、どんな成果を生み出す役割を担っているのか
その成果責任を全うするためにどんな職務活動をおこなうのか
その職務活動を遂行するためにはどんな専門スキルが必要か

出てきません。

仕事を設計する時には、仕事の3要素で考えます。

まずは、「成果責任」を考えます。「私に期待されている成果は何か」「私が背負っている責任は何か」を考えることから始まります。これは仕事のアウトプットです。

次に、その成果責任を果たすには、どんなアクションプログラム（職務活動）が必要かを考えます。これは仕事のプロセスです。

そして、職務を遂行するためには、どんな専門ノウハウが必要かを考え、必要な能力やスキルの開発に取り組みます。これは仕事のインプットです。

プロフェッショナルと言われる人たちは、この3つの視点で「プロフェッショナル・ジョブって何だ?」「どうしたら理想に近づけるだろうか?」と自問自答を繰り返しながら、高い志でチャレンジしています。すなわち、プロフェッショナルは、ノウハウを磨きながら、より難しい仕事にチャレンジし、模倣されにくいアウトプットを生み出そうとチャレンジします。その結果、より多くの人を幸せにし、大きな信頼を得て、大きな利益を生み出すことができるのです。

バックキャスティング思考で、「いつの日かこんなプロフェッショナル・ジョブをできるようになりたい」という夢や憧れを持つと、キャリア開発の到達目標も、そのために必要な行動目標も自然と湧き上がってきます。

ウェークアップコール6 「越境」して外側から中を見つめ直す

他者が気づかせてくれる自己認識

次世代リーダーを目指す人は、自らの存在価値や真の課題、成長のチャンスを知ることができる「越境の体験」に積極的に取り組んでほしいと思います。外を見る！　未来を見る！　一歩踏み出す！　外の仲間と一緒に新たな価値を創り出す！　それがますます重要になっています。視点が単眼か複眼かで発想力や行動力には大きな違いが出てきます。次世代リーダーはぜひ自ら社外に飛び出し、越境体験を積んでください。

長年かけて積み上げてきたものを破壊して、新たな価値を創るには勇気がいります。何をしないか自分自身で決断するのは難しいことです。決断を促進し、勇気をくれるのが自分の立ち位置を客観視することにつながる越境の体験なのです。変化の時代は、既存の枠組み・仕組み・ルールに固執していたり、従来型の改善努力をしたりするだけでは衰退を招くことになりかねません。チェンジ・オア・ダイは個人でも組織でも同じことです。「出る杭は打たれる」という考え方を振り払い、勇気を持ってルールブレイカーにならなくては生き残れないし、何も生み出せない時代になったということを認識してほしいと思います。また、社内外の有力なネットワークと積極的に交流し、未来創造に必要な情報を共有し合いながら、コラボレーションを推進し、新しい価値と利益を生み続けてほしいと思います。

普段から意識して実行してほしい5つの越境型アクション

1．部門を越える

営業部門は「売上さえ上がればよい」、管理部門は「経費削減さえできればよい」という考え方になりがちです。まずは、その考え方を払拭することからスタートしなくてはなりません。

自分が所属する部署の業績達成だけでなく、組織全体の最適を考える「経営の目線」を若い時からいかに身につけるかが大きなテーマとなります。各部署のミッションを相互理解できる機会をつくることが必要です。プロジェクト、社内インターンシップ、勉強会、ワークショップなど、視座を広げる機会に自ら手を挙げて参加し、部門間交流を実行してください。

2．会社を越える

SDGsの時代、ビジネスの根幹には社会課題の解決というテーマがあります。ゆえに「自社の利益だけでなく、社会や地域や顧客の利益を考える」という発想が不可欠です。また、社会課題の解決には、1つの会社が単独で取り組んでも実現不可能なことがたくさん出てきます。何でも自社だけでやろうと考えず、他社とコラボレーションをしながら新しい価値をつくろうと考える習性を身につけなければならないと思われます。それには、社内の人だけでなく、外部の人、特に異業種企業の人たちと頻繁に交流する機会を持つことが不可欠です。

また、顧客参加型で新たな価値をつくる時代に突入しています。データ依存にならないよう、顧客とのダイレクトコミュニケーションも積極的におこなう必要があります。いずれにしても、宝物は会社の外側にあります。どれだけ会社という枠から外に飛び出す機会をつくるかが勝負です。積極的に会社の外に飛び出し、生活者・顧客・社員・取組先など、あらゆるステークホルダーの幸せや利益を考える人材になってほしいと願っています。

3. 時を越える

リーダーは、今期の目標達成だけでなく、中期的な到達目標や長期利益を生むことを考える必要があります。

先ほど「バックキャスティング思考」の大切さについて述べましたが、普段の仕事の中でも、少し先のゴールイメージを描き、どうしたら達成できるのかを考える力が不可欠です。意識してトレーニングを積んでいただきたいと思います。私たちが実施しているマインド・ストレッチ・セッションでも、時を越えるというテーマは、学習のセンターポジションに位置づけています。

4．費目を越える

リーダーは特定の管理項目だけでなく、収入と支出、投資と回収など、すべての経営数値を使いこなせるようになることが不可欠です。経営数値に強くなると、各組織がどのように関係して、どのように力を合わせると利益に結びつくか、何が欠落するとパワーが低下するか、ということが見えてきます。経営数値に強くなることはリーダーの必須要件です。まずは「私はこの費目だけ管理していればよい」という発想を超えることが不可欠です。

5．属性を越える

多くの企業と研修事業をコラボさせていただいて感じることですが、いまだに「階層別」「年代別」「職種別」に受講することが効果的だと考える人が多いようです。しかし、マインド・ストレッチ・セッションのように、発想の転換や行動の革新に挑戦しながら変革のリーダーシップを身につける研修は、職位を越えるクロスポジション、世代を越えるクロスジェネレーションなど、多様なメンバー構成で受講したほうが大きな刺激を得られるので効果的です。皆さんがワークショップを主催する時も、受講生として研修に参加する時も、多様な価値観をぶつけ合うダイバーシティの大切さを理解していただきたいと思います。

ウェークアップコール7 変革のリーダーシップを発揮する

「価値観の原点」や「レジェンド（伝説）」を創る人

リーダーシップについて考える時、大変重要なことがあります。リーダーシップの発揮は権限を持つ職位に就いていようがいまいが関係ないということです。

したがって、自分自身に置き換えて考えてみると、変革のリーダーシップは、社長や部長や店長でなくても発揮できるということがわかります。「私は小さな現場のリーダーだから変革なんて無理」と委縮する必要はないのです。

どんな小さなことでも、その都度リーダーシップを発揮して、たとえば「この現場は、あの人がリーダーだった時に、現在のような顧客から圧倒的支持を受ける現場に変わったんだよ」と言われるレジェンド（伝説）を創る気持ちで臨むことが大切なのです。そうしたチャレンジングな体験と小さな成功の積み重ねこそが、いつの日か経営リーダーへと羽ばたいていく源泉となります。いつも、価値観の原点やレジェンドとなる「誇りある仕事」をすることが重要です。

リーダーシップは職位でも素質でもない

リーダーシップは職位や権限、権威についているものではなく、職位とは合致しないものです。リーダーシップを身につけることとリーダー職になることを混同してはいけません。

リーダーシップとは、権限による強制力とは対極にある自然発生的な影響力です。人を惹きつける魅力であり、信頼感を得ることで人と組織を動かすソフトパワーです。

また、リーダーシップは、個人が持って生まれた特質や資質ではないということも覚えておかなければなりません。リーダーシップは、重要な問題の解決に向けて人と組織を動かす力であり、さらに変革のリーダーシップとなると、誰もやったことがない、成功が見えにくい挑戦分野で人と組織を動かす力ということになります。果たして先天的な資質だけで、このような局面を乗り切れるでしょうか。リーダーシップは、実践しながら、体験しながら、時には失敗したことを反省しながら身につけていくものです。つまり後天的に学ぶものなのです。

次世代リーダーに求められる「3つの力」

それでは、変化の先頭に立ってリーダーシップを発揮する次世代リーダーに身につけてほしい3つの力について考えてみたいと思います。

1．「活路を見出す力」

「人が思いつかないこと」「誰にも見えていないこと」の中にこそ活路はあります。したがって、従来の延長線上や見えている範囲だけで考えるのではなく、未知のゾーンに飛び込んでいかなければ、次世代のマーケットや新しい価値は見えてきません。新たなコンセプトを生み出すセンスは「これでもか」というくらい知的にもがき苦しむ中から身につくもので、次世代リーダーには、あくなき好奇心と探求心を持って深くマーケティングをおこない、見えなかった世界が見えてくる課題形成をしてほしいと思います。

2.「大きく舵を切る力」

マーケット創造型の経営は、従来のやり方では通用しないことが多く、「今までとまったく違う会社になったんじゃないの!?」と思われるくらい思い切った方向転換が必要となるでしょう。大胆なシナリオを描き、大胆な行動で成功するまで諦めずに実行し続けなければ、イノベーションは実現しません。変化の先頭に立つリーダーには強い風当たりがあります。次世代のマーケットや新しい価値が見えていない人からは、「非常識」「変わり者」と批判されることが多いと思われます。

変化の先頭に立つ次世代リーダーには、勇気と知恵を持って大転換に突き進んでほしいと思います。

3.「人と組織を動かす力」

「抵抗勢力」という言葉があります。世の中には、今よりよくなるかどうかわからない「ミライ」よりも、華やかだった「ムカシ」と、それなりに満足感がある「イマ」のほうが好きな人間が圧倒的に多いと思います。大きな変革の波を起こすには、抵抗勢力が繰り広げるネガティブキャンペーンに屈せず、変革のシナリオとその先にある夢をわかりやすく語りながら、みんなをその気にさせていくことが必要です。

次世代リーダーには、多くの人に影響を与え、大きな組織を動かすことができる「説得力」と「人を惹きつける魅力」を身につけてほしいと思います。

ビジョンの達成とブレイクスルー

ビジョン＝到達目標の「達成」とは、何らかのブレイクスルーがあってもたらされる「特別な結果」です。ブレイクスルーとは、その人の内部に起こる考え方や行動の劇的変化です。この変化は、それまで想像もできなかった新しい可能性を自分自身に見出す突破口になります。

私たちが現在のレベルのままで行動し続けたとしたら、生み出す結果はおおよそ見当がつきます。それは大きく変化することもなく、いつもと同じレベルだろうと思います。しかし、思考、姿勢、信念、行動などを自分自身が思い描く方向へ思い切り転換し、従来のパターンを超えることによって、これまで不可能だったことが可能になることがあります。これがブレイクスルーです。ブレイクスルーによって、私たちはまったく質の異なる結果を得ることができるのです。

こうして創り出された結果は、自分自身の思いや価値観に合致したものなので、達成感や満足感を得られ、何だか幸せな気持ちになります。それは、普通流れの中で得られる満足感とは比較にならないほど大きなものです。

この先も「仕方ない」「今のままでいいや」で過ごすか、自分に高いハードルを課し、余分な仕事が増えるかもしれないけれど、ビジョン達成に向けて費やしたエネルギーや苦労がさらに自分の力となる次世代リーダーを目指すか、選択の時です。

次世代リーダーを目指す人は2つの自問自答をしてください。

Q1　自分自身に喜びをもたらすと思われる「本当に成し遂げたいこと」は何か？

Q2　そのために、考え方、姿勢、行動など、ブレイクスルーが必要なことは何か？

次世代リーダーの最初の仕事は「上司を口説くこと」

ドリームインスティテュートのマインド・ストレッチ・セッションでは、最終日に受講者が経営者に対して思い切り改革提案をぶつけます。したがって、「修了日」は、「終わりの日」ではなく、現場で変化の波を起こす「始まりの日」でもあります。

しかし、その後、現場に戻ってビジョン達成型の提案をすると、上司からは「もうしばらく様子を見ようよ」「そんなこと考えてないで、与えられた仕事をさっさと片づけたほうがいいよ」など、少なからず「迷惑だなあ」という本音が返ってきます。

しかし、そこで意気消沈したり、妥協したり、諦めたりしてしまっては何も始まりません。どうやって「わかってもらうか」「その気にさせるか」「協力を取りつけるか」など、創意工夫しながら粘り強く働きかけなくてはなりません。次世代リーダーには、まずは、最大の抵抗勢力となる上司を口説く情熱や勇気、行動力、提案力が必要です。

そして、力の源泉は「お客様の声」や「現場の声」です。「お客様の潜在ニーズはここにあります。大変かもしれないけれど、みんなでこれを改革すれば、必ず売上と利益がアップします」と言える顧客起点の「根拠ある提案」をできれば、上司も納得し、周囲を巻き込んでバックアップしてくれるようになるでしょう。

信念を貫き通すことで、自分自身の満足感にもつながってきます。「現状に満足せず、逆境に悲観せず、夢に向かって邁進する」という気持ちで頑張ってほしいと思います。

キャリア開発の「2つの山」

次ページの図をご覧ください。横軸には経験年数、縦軸には求められる仕事のクオリティを置いています。入社後しばらくは、仕事に必要な実務スキルを身につける期間です。当然、上司からの指示にもとづいて職務を遂行します。マニュアルやフォーマットにもとづいて作業をこなしていきます。そうして担当職務領域で熟達していき、オペレーションとかルーティンワークは何でも迅速に遂行できるようになります。

しかし、その後、長期間そこにとどまっていると、経営者や上司の期待とは乖離していきます。なぜなら、次第に大きな役割で高度なミッションを担うようになるからです。そこで求められることは、自分自身で考え、課題を発見し、最適化に向けて自発的に仕事を

キャリア開発の「2つの山」

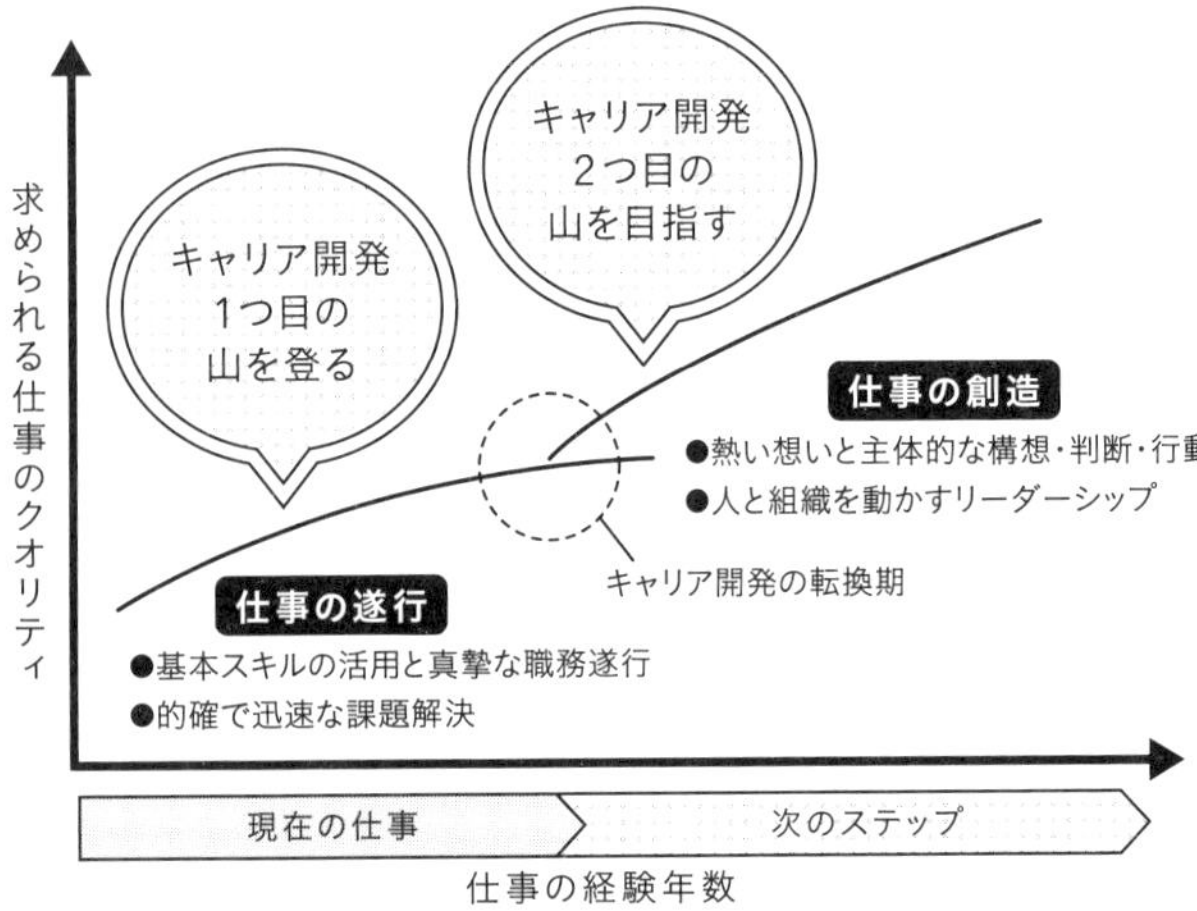

改革・改善していくことです。

たとえば、新規事業を担当した場合、顧客の潜在ニーズを満たすためには、自分で状況判断して、最適な方法で仕事をやることが要求されます。やり方は千差万別です。したがって、「これまでの方法でやる」「マニュアル通りにやる」では通用しません。自分で仕事を創造することが求められます。

したがって、キャリア開発を考える場合、「2つの山」を意識しなければなりません。

「1つ目の山」は、「仕事の遂行」を支えるキャリア開発です。

「2つ目の山」は、「仕事の創造」を支え

るキャリア開発です。

1つ目の山と2つ目の山はまったく考え方が異なるものです。

1つ目の山だけをとことん追求すると、「こうあらねばならぬ」という管理統制の発想が強くなってしまい、新しい時代への対応ができなくなります。こうした管理統制型の管理者とは対極にある変化の先頭に立つリーダーを目指すには、1つ目の山をある程度登ったら、なるべく早く2つ目の山を登り始めなくてはなりません。キャリアは自分で創るものです。だから何よりも自分自身で意識して、そのように行動を変えていくことが大切です。

でも、「私はこのままでよいのか」「どうしたら自己変革できるのか」など、知りたいこと、学びたいこともたくさんあります。したがって、経営サイドも、思考と行動の「スイッチの切り替え」を支援するプログラムを用意し、意識的に能力開発する機会を創っていくことが必要になります。2つ目の山を登る次世代リーダーのキャリア開発は、個人の当事者意識を起点にして、経営サイドが側面から支援する二人三脚型の経営テーマなのです。まずは、自ら2つ目の山を設計してください。

次世代リーダーへの「8つの問いかけ」

自分自身の「変革のリーダーシップ発揮度」を点検する

ここまで、7つのウェークアップコールを通して、変化の先頭に立ってマーケット創造を進めていく次世代リーダーに成長していくためには、どのような発想で、どのように行動することが重要なのかをお伝えしてきました。いくつかあなたが共感するものがあれば幸いです。

では次に、今のあなたがどの地点にいるのか、自己点検するために「8つの問いかけ」をしてみましょう。次の図を参考にして、普段の行動を顧みながら、それぞれの問いかけに対して5段階評価をしてください。

5：いつもそうしている　4：ほぼそうしている　3：どちらとも言えない
2：あまりできていない　1：まったくできていない

あなたはフロンティア型リーダー?

普段の行動を点検して□に5段階で自己評価してください。
❺いつもそうしてる ❹ほぼそうしてる ❸どちらとも言えない
❷あまりできていない ❶まったくできていない

フロンティア型リーダーとして変革のリーダーシップを発揮するための 8つの問いかけ

1 オーナーシップ □
●「私たちの事業をこうしたい」「よいサービスは自分たちの手でつくっていく」という熱い想いを持っているか
●単なる通達ではなく、自分の意志と言葉でメンバーに指示をしているか

2 ゴールイメージ □
●最終成果や営業利益の大切さを理解しながらマネジメントしているか
●成果の実現と長期利益の創出に使命感と執念を持ち、そのために常に創意工夫しているか

3 顧客起点 □
●お客様が喜ぶ顔や姿を具体的に思い浮かべることができるか
●判断に迷う時や仕事の優先順位をつける時「それはお客様にとって重要か」という視点で決定しているか

4 アウト・オブ・ボックス □
●社会的な潮流や競合各社の動向を常に意識し、ポイントを把握しているか
●市場における自社の位置づけを正しく理解しているか

5 独自価値の創造 □
●他社にない独自価値を提供しなければお客様は利用してくれないという厳しい視点があるか
●独自価値を創るため人一倍創意工夫ある職場にしなければならないという危機感があるか

6 現場起点 □
●メンバーたちの切実な声をしっかり聞いて事業運営をしているか
●お客様に最も近い現場第一線のメンバーが抱える課題や要望を的確に理解しようとしているか

7 感謝と使命感 □
●「周囲の人々に支えてもらっている」という感謝の念を持ち、それをメンバーに行動で示しているか
●「私を支えてくれる人々のためにも」という責任感や使命感を持って率先垂範のマネジメントをしているか

8 育成とファシリテート □
●成果を出すうえで、人材育成・メンバーのキャリア開発支援が最も重要な仕事だと考えているか
●日常業務・目標管理・各種ミーティング等でメンバーの要望や課題をしっかり聞いて受け止めたうえでリーダーシップを発揮しているか

8つの問いかけは、想いはあっても、普段なかなか行動に移せていないことが多いのではないでしょうか。しかし、問いかけていることは、次世代リーダーには不可欠なことばかりです。

1．オーナーシップ～当事者意識があるか？～

会社の方針に則って仕事の指示を出すことは大切ですが、「会社の方針だからやれ」だけでは、メンバーのモチベーションは高まりません。自ら担当事業の「サービス理念」を熱く語り続けることが不可欠です。「私はこのような職場を創りたいのです。私がこのような役割を担いますから、目標達成するために皆さん協力してください」と語り続ければ、誰よりも事業をよくしたいという熱い想いが伝わって、人は必ずついてきます。

2．ゴールイメージ～到達目標を描いているか？～

このチームに期待されていることは何か、成果責任は何か、しっかり考えてから指示を出すことが必要です。成果とは、予算（数値）の達成だけでなく、顧客や社会への質的な貢献度も入ります。それが「明日の売上や利益」を創るからです。私たちのミッションは何か、成果責任は何か、どのような具体的な到達目標を描き、それに向かって、どのような優先順位をつけて取り組むのか、これらを提示することがリーダーには求められます。ゴールを示すことで、逃げない、諦めない、粘り強く困難を克服しようとする「足腰が強いチーム」ができるのです。

3．顧客起点～それは顧客にとって重要か？～

仕事は常に忙しいものです。上司からの指示は次から次に下りてきます。そして、上司は焦れば焦るほど「この通りやれ！」と強制的に命令してきます。もしそれが「顧客のためにならない」と感じた時、あなたはどう振る舞いますか。単純に「上司命令だから仕方ない」と引っ込んでしまいますか。「カスタマー・ファースト！」の揺るぎない信念を持つと行動が変わってきます。「もっと顧客の支持を得て、もっと高い成果を生み出す」という組織の目的は一緒なのだから、「カスタマー・ファースト」をコンセプトにとことん話し合えば上司とも必ず意思統一できます。

4．アウトオブボックス～市場から自社を客観的に見つめているか？～

社会・市場・顧客のニーズを的確に把握できなければ、継続的なオペレーションも事業改革もできません。だから、すべてのリーダーは優れたマーケティング感覚を身につけなければなりません。「お客様にとって必要な価値」であり「他社が提供できない価値」であること、すなわち「お客様に喜んでいただける自社だけの独自価値」を創造することが「成果を生む仕事」になります。だから自己中心的な考え方は厳禁です。であれば、自社の現場で収集する情報とともに、できるだけたくさんの外部情報を収集・分析し、課題形成していくことが不可欠になります。それが創造的な成果を生み出す仕事の入口です。

5．独自価値の創造～常に創意工夫しているか？～

「独自価値の創造」なんて言うと、「とても難しいテーマだ」「現場からは遠いところにあるテーマじゃないか」と思われがちです。だから、「余裕があれば」他社にない価値づくりに取り組もうと考えがちです。こうしてルーティンワークだけで毎日が流れていき、業績が思わしくなくなると、上司から「何とかしろ！」となる悪循環を繰り返してしまいます。

断ち切る方法はただ1つ。どんな小さなシーンでも、常に「私にしか提供できないサービスは何だろう」と考えることです。そういう習性がついていれば、もっと大きなテーマになった時にもしなやかに独自価値を考えることができます。

6. 現場起点～「現場の声＝顧客の声」として聴いているか？～

顧客のことについては、職位に関係なく、「より顧客に近い人が先生」です。たとえば、現場スタッフがオペレーションでやりにくさを感じていることや、ノウハウが足りないと感じていることは、顧客がよいサービスを受けていないことだと考えるべきです。だから、現場スタッフがどう困っているかを把握しないまま、スタッフ部門だけでマニュアルや教育プログラムをつくっても効果が出ません。「顧客の声」と「現場の声」は「同義語」であると理解しなければならないのです。

7．感謝と使命感～リーダーシップの本質を理解しているか？～

仕事は一人でやるものではありません。組織とかチームでやるものです。だからこそ、その求心力となるリーダーがしっかりけん引しなくてはなりません。そこまでは誰でも理解できます。

でも、その際に、「リーダーがみんなを引っ張ってやってるのだ」「私の方針や指示が優れているから利益が出ているのだ」と考えるか、「現場のスタッフ一人ひとりが真剣に仕事に取り組み、お客様に価値を提供してくれるから利益を生み出せるのだ」と考えるか、それによってメンバーとの人間関係も変わり、成果も大きな違いが出てきます。

カスタマー・フロントで、大きなテーマに取り組み、大きな成果を出すためには、みんなの力が必要です。リーダーには「皆さんのおかげです。不断の努力に心から感謝します」という気持ちと行動がないと、人はついてこないと思います。大きなテーマに取り組めば取り組むほど、大きな感謝の心がなければ成果は出ないのです。そして、頑張ってくれる人たちのためにも強い使命感で臨むことが必要です。

そういう尊敬できる、信頼できるリーダーのもとだと、メンバーは「チームのためにも、リーダーのためにも」という気持ちで頑張ってくれます。そして「何とか成果を出したい」という気持ちから、自然によい情報も創造的なアイデアもリーダーのもとに集まってくるのです。

8. 人材育成とファシリテート〜メンバーの力を引き出すリーダーシップか？〜

イノベーションを生み出す組織の共通点は、ラーニング・カルチャー（一人ひとりが自ら学ぶ組織風土）があると同時に、ティーチング・カルチャー（学んだ知識や情報をお互いに伝え合う、教え合う組織風土）がある、と言われています。

お客様をワクワクさせるために、創意工夫しながら新たな価値を生み出すには、必ず「高いハードル」を乗り越えなければならないと思います。乗り越えるためには、リーダーもスタッフも「今よりも自分を磨くこと」が必要になります。能力開発こそ価値創造の源泉です。普段の仕事を能力開発に結びつけるには、スタッフに考えさせる習慣をつけることが大切です。スタッフに「あなたはどう思いますか？」「お客様だったら、それをどう感じると思いますか？」とお客様のことを真剣に考えさせるための質問をどんどん投げかけるとよいと思います。それを一緒に考え、フィードバックすることで創造的成果が生まれると同時に、メンバーの能力開発も進みます。リーダーにとって「質問力」は、「回答力」に勝るとも劣らないくらい重要な能力です。創造的な成果を生み出すリーダーは皆「名ファシリテーター」なのです。

第4章

未来の扉を開くための経営者へのメッセージ

人と組織の新時代への対応

マーケットや事業モデルが激変する中で、職業人生を切り拓いていかなくてはならない若者を中心に、働く人の価値観がこれまでとは大きく変容しています。多くの若者が変化に対応できるマルチキャリアを描いています。キャリア開発の視点からも、今後パラレルキャリア（複業・副業）は当たり前になってくるでしょう。そうなると、現在のように、社員は一部門だけの所属がよいのか、顧客の目線も経営の目線も理解するために配属そのものをパラレルワークにしたほうがよいのか、職務設計や人材育成も抜本的に考えなければならない時代に突入しました。そのような視点から、この章では経営者へのウェークアップコールとも言える課題提起をさせていただきます。

若い力を本気で活用しようとしているか

ＶＵＣＡと言われる先行き不透明な時代、既存の幹部層や現有戦力と言われる人たちだけでは、新しい時代への対応は不可能だと思われます。「未来づくりに向けたセンサー」

「挑戦と革新のエンジン」となる集団が必要になります。

このような人材の活用は、サステナブルな経営をしていくための生命線となりますが、見落としがちなポイントが多くあるので、次のような観点で自社の組織運営や人材マネジメントを点検してみてください。

1. 若者に「活躍してほしい、期待している」が「口だけ」ではないだろうか？

「自分の言うことを聞かない若者」や「自分が理解できない感性を持っている若者」の発言を軽視していないでしょうか。そういう若者ほど、マーケットの変化の兆しを鋭くつかんでいる場合が多いのです。変化の兆しをつかむ感性は若者のほうが格段に鋭いので、若者と真正面から向き合っていないと、マーケット対応に遅れが生じてしまいます。

2. 自分勝手な評価尺度になっていないだろうか？

経営者や上司が高く評価し、結果的に登用するのが「会社に必要な若者」ではなく、「自分にとって都合のいい若者」になっていないか点検してください。上司の好き嫌いではなく、実際の能力やポテンシャルのある人材をしっかり評価し、権限移譲していけるかどうかが会社の将来を左右します。

3．諦めや見切りが早すぎないだろうか？

あなたの若手時代を思い出してください。人は、覚醒した時、勝ちパターンを覚えた時、ツボがわかった時は、すごいパワーを発揮します。それを機に大きく成長し、期待値以上の新たな成果を生み続けるようになります。でも、そこに至るまでには随分と悩んだりもします。経営者は苛立つかもしれませんが、若者には高いポテンシャルがあると信じて、諦めずに伴走する意志を持つことが重要です。

4．若者の夢を潰していないだろうか？

若者は会社についても自分のキャリアについても将来の夢を描きます。それを「現実の厳しさがわかってないね」「そんなの絵に描いた餅だよ」「そんなことより今月の予算のことを考えてくれ」と言って潰してしまったら、会社と若者両方の未来の芽を潰してしまうことになります。やる気をなくす不用意な考え方と発言をしてはならないのです。

イノベーションとは、既存のサービスやこれまでやってきたことをやめて、新しい方向に転換することを意味します。これまでのやり方が否定される考え方や自分たちに理解できない若者の意見やアイデアを排除してしまったら、イノベーションは起こせません。自分が理解できないことを否定しないことがイノベーションを起こす第一歩なのです。それを排除すれば、「どうせ言ってもダメだから」と若者は諦め型・保身型になって、いっさい発言しなくなります。それだけでなく、そのような会社に見切りをつけてしまいます。

5. 若者のセンスやアイデア、リテラシーには高い価値があると認識しているだろうか？

価値と価格は原則として比例します。たとえば外部のコンサルタントに何かを依頼すると市場価格に則って「それ相応の対価」が発生します。でも、社内で若者にタスクを依頼する時は、市場価格とは別の論理が強く働いてしまいます。上の世代にはない変化の兆しをいち早くつかみ取る若者のセンス、未来創造のアイデア、そして旺盛な好奇心と迅速な行動力、デジタルリテラシーなどは、経営幹部による経営力とは別の「もう1つの経営力」です。「未来を創造する経営力」という意味で捉えると幹部やベテランよりも高い価値を持っている場合もあります。にもかかわらず、職位・階層が自分たちよりも下だから、部下だから、経験が浅いからなどの理由で「支払う対価は低くて当然」という論理が働いてしまいます。「私たちがやったことの価値がきちんと認められていない。だから、いつも安く使われてしまうのだ」と思われたら、今の若者は「自分たちの価値を認め、評価してくれる会社」「より恵まれた機会」を求めて、別の会社へと流出してしまいます。若者は貴重な戦力であり、どこの会社でも喜んで受け入れるので、その人が持つ市場価値や会社への貢献価値を的確に評価し、適正な処遇にも結びつけていかないと、経営者は痛い目に合うことになります。

労働市場の地殻変動を受け止め、本気で変革する

若手社員は経営者や幹部の姿勢をよく見ています。味方に引き入れることができるか否かは、経営者や幹部の見識と行動にかかっています。経営者や幹部が、職位や年齢など忘

れて、若者と熱く語り合うことこそが、未来への扉を開く最大の推進力となるのではないでしょうか。

さて、若手社員との向き合い方について、留意点を提示させていただきましたが、経営者や人事部長の皆様は、若者を中心に職業社会や労働市場が構造的な転換点に突入していることをどれくらい理解しているでしょうか。

1つの会社に長くいることがメリットだと考えられていた時代は、会社に求心力がありました。社員を大切にして、きちんと育てれば定着率も高まりました。

また、これまでの労働市場では、企業の戦略や業績および景況感によって、不足していると思ったら、採用に注力することで人材不足は解消されました。しかし、これからは若年層を中心に構造的な労働力不足となります。人手不足だけれど採用できないということです。そして、一部の業界ではすでに始まっていますが、今後ますます人材不足によって、これまで通りの事業の継続ができなくなることが多くなります。

リクルートワークス研究所が大手企業の2019年度から2021年度までの入社1年目から3年目の若手社員に実施した調査では、「このままこの会社にいたら、別の会社や部署で通用しなくなるのでは」と感じている人が49％いるという結果が出ています。また、3人に1人以上が「所属している会社の仕事をしていても成長できない」「学生時代の友人と比べ、差をつけられている」と感じていると回答しています。このように若手社員は、現在も将来も、会社の内側も外側も、ウォッチしながら絶えず自分自身の将来を考えています。

経営革新の階段

新しい時代に対応するための「5つの課題提起」

このあと提示する5つの課題提起をまとめると、「根っこは一緒」だということです。水の流れをせき止めるのではなく、自然の流れに則って、新時代の人材マネジメントに取り組む。それは、従来の延長線上にはない流れなので、思い切り発想を転換しながら一歩を踏み出していただきたいということです。

経営（組織人事）の革新の階段

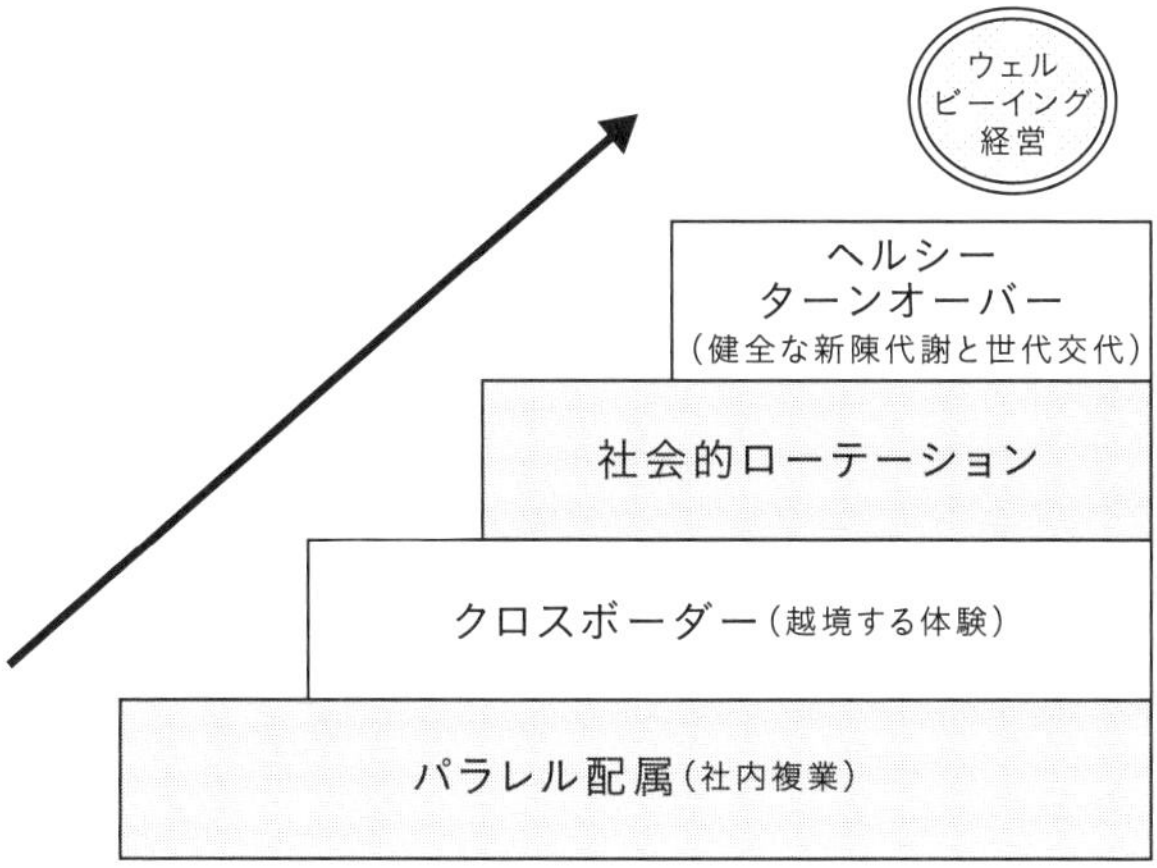

パラレル配属、クロスボーダー、社会的ローテーション、ヘルシーターンオーバー、ウェルビーイング経営という順番で課題提起を進めていきますが、その順番で変革の階段を上っていくというイメージを持っていただければと思います。

●【課題提起1】　パラレル配属（社内複業）

「あなたは次の4つの中で、どのような働き方やキャリア開発が望ましいと思いますか?」というアンケートを実施すると、20代から30代の企業のリーダーたちも、これから社会人としてデビューする学生も、ほぼ同じ結果が出てきます。

[選択肢A]
人事部、経理部、○○部など、1つの部署で専念して働き、高い専門性を獲得して、この道のプロと言われる人になりたい

[選択肢B]
高い専門性を獲得するとともに視野も広げるために、基本となる1つの配属部門があって、時々プロジェクトに参加するような働き方をしたい

[選択肢C]
人事部と事業部門、経理部とデジタル戦略部門など、複数部門に所属するパラレル配属のほうが、若い時から視座が広がり、従来よりも早くキャリア形成につながってよいと思う

[選択肢D]
固定的な所属部門を持たず、原則としてプロジェクトごとにオファーが来て、柔軟に仕事や所属を変えていくプロフェッショナル的な働き方よい

選択肢Aに近いほど固定的な配属、選択肢Dに近いほど働き方の多様性や柔軟性が高まりますが、企業のリーダーも大学生も、[B]を選択する人が70％程度、[C]を選択する人が20％程度、[A]と[D]を合計して10％程度という回答になりました。

多くの日本企業では、従来2、3年に一回くらいのサイクルでジョブローテーションを実施しながら、多様な事業領域やマネジメントを経験させて、高い専門性と広い視野を持つ人材を育成する方式が取られてきました。長い間、「石の上にも三年」「桃栗三年柿八年」

と言われ、「20代はまだ社会人見習い」という感覚で育てられてきた大人たちと違い、動画を倍速で見ることが当たり前になっている若者にしてみると、「3年かけて1つの何かを獲得し、それが修了したら次の3年で新たな何かを獲得し……」というこれまでのジョブローテーションは「じれったい」のです。そう考えると、今後の新入社員の配属については「何も経験がないのだから1つの部門しかできるはずがない」という固定観念を取り払ったほうがよいと思われます。一刻も早く、どこの会社に行っても通用する市場価値がある専門性を身につけたいと願っている若者には、はじめから複数部門を経験させることもありだと思われます。キャリア開発ニーズに対するフィット感があると同時に、部門間の利害関係や互恵関係を理解し、セクショナリズムを持たず、常に全体最適を重視する経営目線を持った担当者が育ち、会社にとってもメリットが出てきます。

事業の側面から見ると、ますます単独部門ではマーケットニーズに応えられない時代になります。複数の部門、さらには複数の会社でコラボレーションしながら課題解決していく時代になるということです。若者はそうした動きを敏感に察知しながら、社会で通用するキャリア開発目標を描きます。若者の自己実現目標という側面から見ると、これまでの倍の速さでキャリア開発したいという人が圧倒的に増える時代になるということです。

また、現代の若者は、アルバイト、インターンシップ、広い範囲でつながるコミュニティ活動、学生起業など、従来とは比較にならないくらい学生時代から社会体験やビジネス体験を積んでいます。視点が単眼であるか複眼であるかで仕事の成果は大きく違ってくるので、「社内複業＝パラレル配属」は、組織力を強化したいと願う経営者にとっても多大なメリットをもたらす選択肢となります。新たな試みとしてぜひ実験を積み重ねてください。

【課題提起2】　クロスボーダー（越境する体験）

社会や市場のニーズの変化を見渡し、チーム全体を見渡し、そのうえで、自分はどのような専門性を発揮すればよいかを考える人でないと、本当の意味での専門家とは言えないと思います。

同じ専門家でも、専門性を発揮しながら人と組織を動かし、プロダクトマネジメントやプロジェクトリーダーにもなれるような高度な専門人材か、それとも「このことだけには熟達している」「得意分野しかやらない」という視野が狭い専門人材かによって、専門家としての価値はまったく異なります。

若手社員にも同じことが言えます。
・社会をよくしたい、組織全体をよくしたい、という使命感や経営目線を持った担当者か
・自分自身の評価や担当部署の業績達成にしか興味を持っていない担当者か
によって、現在価値も将来性もまったく異なってきます。このような視座や発想、価値観を若いうちから持たせるには、経営サイドとしてどのような仕掛けが必要なのでしょうか。課題提起1のパラレル配属（社内複業）でもお伝えしましたが、視点が1つしかないか、複数の視点で思考できるかによって、使命感の持ち方、変化への対応力、生み出す成果は大きく差がつきます。
経営目線を持った若手社員を早期育成していくには工夫が必要です。その時キーワードとなるのが「クロスボーダー」、すなわち「越境する体験」をたくさん持たせることです。ウェークアップコール6で次世代リーダーに伝えた通り、①部門を越える、②会社を越える、③時を越える、④費目を越える、⑤属性を越える
……という「視座を広げる体験」をどんどん積ませていただきたいと思います。
このほかにも、組織風土の改革などをテーマとする研修も、経営層、ミドルマネジメン

ト層、現場第一線の若手スタッフ、現場部門と本社部門など、異なる立場の人たちが横断的に参加しないと、課題解決に直結する実行プログラムは作成できません。しかし、現実には「若手スタッフによる職場改革研修」とか「ミドルマネジメントによる組織風土革新計画」といった、階層別・属性別の研修がマジョリティを占めています。長年にわたりやってきた慣れた方法のほうが、アウトプットを想定できるので、事務当局としては安心できるのだと思います。

創造的な提案づくりに挑むマインド・ストレッチ・セッションのようなプログラムは、クロスポジションで参加することで発想も豊かになって多様な意見が飛び出し、複数の立場の人たちで一気呵成に合意形成できるので、改革実行にもすぐに着手できてよいと私は考えます。

経営者の皆様には、「経験や知識、専門性が違うから、一緒に受講すると非効率」という概念を払拭していただき、むしろ「年齢や職位など属性の壁をぶち破ったほうが大胆な発想で創造的な提案に直結する」という確信を持っていただき、クロスポジションで参加するプログラムを積極的に取り入れていただきたいと願っています。

【課題提起3】　社会的ローテーション

人材育成のステージを1つの企業の中だけで考えるのは、ジョブローテーションをする際に、体験させたい仕事の多様性に限界があります。前述したクロスボーダーの考え方を一歩進めて、複数の会社が人材育成のコラボレーションをおこない、社会的ローテーションの仕組みを確立したらよいのではないかと考えます。

すでに、大企業とベンチャー企業の人材を交換留職（留学ではなく留職！）させることで、広い視野とネットワークを持つ次世代リーダーを育成することを支援するビジネスが生まれています。社会的ローテーション時代の幕開けということで、プラットフォームとして世話をしてくれる人材会社に費用を支払ってスタートしましたが、数社の人事部長が連携すれば、費用をかけずにいつでもスタートできる方法だと思います。

私がよく知っている大手人材コンサルティング会社は、大手化学メーカーと交換留職を実施して、お互いに大きなメリットを獲得しているとのことです。進んでいる企業間では、すでにこのようなコラボレーションが始まっています。会社を越えたジョブローテーションをおこなうことは、共同で事業をおこなうよりも「高い越境の壁」が存在していると思います。人的資本経営の時代には、お互いの人材育成のためになる社会的ローテーションシステムを一緒に確立しようと呼びかけ、新たな企業間ネットワークを築くことが重要になると思われます。すべてにおいて「社内市場」を前提としている人事部にとっては、社会的ローテーションは夜明け前の状態だと思いますが、「どこかから声がかかるのを待とう」とか「少し世の中の様子を見てから」という姿勢ではなく、社員によりよい体験をさせるために一緒に取り組みたいと思う企業に自ら働きかけていく姿勢が重要です。

人事部は社内の人材を管理する部門であるという発想から脱却し、他社と交渉して、戦略にフィットした人材交流・人材配置を成約させる社会的マッチング感覚や営業感覚を獲得するという新たな発想に転換する時を迎えているのです。

「転職した会社の内情がよく見えていなかった」「正直言って転職を後悔している」「元の会社の素晴らしさが改めてわかった」と思っている人が約半数いることが、さまざまなアンケート調査により判明しています。社会的ローテーションシステムが広く浸透していけば、本人と企業間で丁寧な話し合いをしながら、研修出向期間の延長や新会社への移籍も実施されるので「怖い転職」も「失業」も少なくなります。また、このシステムは、人事部長の目線がインザボックスだと始まりません。いかに社外に目を向けて、アウト・オブ・ボックス視点で最適なコラボレーション企業を探して働きかけていくかにかかっています。AIを活用したさまざまな情報システムがバックアップする時代なので、ますます仕組み化しやすくなっていきます。経営の重点テーマとして具体化に取り組むべきではないでしょうか。

1つの企業だけで人材配置を考える従来型の人事の壁を突き破って、さまざまな角度から社会的ローテーションのメリットを追求していただきたいと考えます。

【課題提起4】ヘルシーターンオーバー（健全な新陳代謝と世代交代）

ヘルシーターンオーバーという言葉を聞いたことがあるでしょうか。ヘルシーターンオーバーとは、健全な新陳代謝と世代交代が進む状態を意味するのですが、どんな時にヘルシーではなくなるのでしょうか。まずは「過度な離職」です。そう簡単には良質な人材を確保できない時代です。過度な離職を抑えなければ現場は破綻してしまいます。

次に「世代交代の阻害」です。これだけ変化が激しい時代に、自ら考えて仕事をしようとしない社員が会社にぶら下がっていたり、過去の栄光だけにすがり、新しい時代に対応していくためのリスキリングをしようとしないベテラン社員が高いポジションに居座ったりしている状態も、ヘルシーとは言えません。こうした人たちの存在は、健全な世代交代を阻害する要因になります。健全な世代交代には、若いリーダーに対して「あなたの後ろに私がいるから、安心して思い切りリーダーシップを発揮してください」と言える優れたフォロワーシップを発揮するベテラン社員の存在が必要なのです。従来のようなピラミッド型の固定的な階層組織だけで人材マネジメントをしようとすると、「リーダーの座を譲りたくない年長者」と「なかなか出番が回って来ないと苛立つ若者」の双方にとって、ヘルシーではない硬直的な組織風土となってしまいます。

ヘルシーターンオーバーを実現するには、「ベテランの居座り」を排除し、年齢、性別、経験など、あらゆる属性をいったん取り払って、そのテーマに最も精通し、人と組織も動かせる人がリーダーとなり、プロジェクト型で組織運営をしていくことが必要です。分厚い職階による固定型の組織運営を、なるべく少なくしていくことに挑戦しなくてはなりません。

リーダー選びは、スポーツに例えると、タイトルマッチに勝った人がチャンピオンとしてリーダーの座に就き、一定期間が経ったらチャンピオンも再度チャレンジャーとして再びタイトルマッチに挑むといったスタイルを確立するとよいでしょう。タレントの世界で言えば、公開型オーディションを実施して、誰もが納得するセンター選びや座長選びをするということになるでしょうか。「蓄積」と「旬」と「特性（個性）」をもっともっと活かしたリーダー選びの仕組みを確立し、勇気ある再配置を実行することが求められていると思います。

プロフェッショナルの世界では以前から当たり前におこなわれていることですが、企業はこのような人材マネジメントに慣れていないので、新たな仕組みづくりが必要です。いずれにしても、社内の固定的・硬直的ヒエラルキーをどのようにぶち壊すかということから考え始めることがヘルシーターンオーバーの必須条件となります。経営者として、一歩踏み出す勇気が必要です。

次に会社の内と外の関係です。リクルートワークス研究所主任研究員の古屋星斗さんは、「なぜ〈若手を育てる〉のは今、こんなに難しいのか」というテーマで実施した私の会社が実施するセッションで、次のようなレクチャーをしています。

日本企業はここ数年間で、会社を挙げて、若手社員が辞めないように接し方や指導の方法に気をつけて、心理的安全性を高めようと心がけ、国も働き方改革などの法整備をしてきたので、「24時間闘えますか!」というような、かつてのガンバリズムとはまったく異なる「やさしい職場風土」になってきました。しかし、それによって離職率が低下するのかというと、「特に不満はないけれど、自分自身の将来を考えると不安があるので辞める」という人が増えています。きつくても辞めるけれど、ゆるい職場でも若者は辞めるのです。したがって、若者を中心とする離職の問題は、単に居心地がよい職場かどうかという「心理的安全性」の問題だけではなく、この会社にいて自分は果たして成長できるのかという「キャリア安全性」も問われる構造的な問題なのです。これまでとは異なるキャリア開発のアプローチを考えることが不可欠です。

いかがでしょうか。時代の流れを考えると、水の流れをせき止める考え方から、水流がよりスムーズに流れるように考えを切り替えたほうが得策だと言えるのではないでしょうか。

「出たい人はどんどん出ていく」「必要な人材はどんどん入ってくる」「復職を希望する人は戻ってきてよい」「働く人は必ずしも社員という形態でなくてもよい」という会社の出入りをもっと柔軟にしていく。そして、多様な人材を取り込んで、気持ちよく働いてもらえるよう「雇用形態と働き方を多様化する」と同時に、「提供する価値に見合う公正な処遇」を本気で実現することが重要です。

プロ野球の世界では、今や日本のトッププレーヤーが世界の舞台であるメジャーリーグに挑戦するという流れが確立されてきています。少し前までは、「この流れは日本のプロ野球の質を低下させることだから、有力選手の海外流出を食い止めろ」という論調もありました。しかし、トッププレーヤーが転出することにより、新たなエースピッチャーも4番打者も育ちます。そして、メジャーリーグという最高の舞台への憧れから、全体レベルの高度化も世代交代も加速します。

日本企業は、労働市場がオープンマーケットになっていく時代に、組織人事のヘルシーターンオーバーはどうあるべきかを本気で考えなければなりません。
これまでの慣習からは、かなり大胆な変革を求められますが、この一歩を踏み出さないことには、未来の扉を開くことはできません。

【課題提起5】ウェルビーイング経営

一橋ビジネススクール特任教授の楠木建さんは、私の会社が実施するセッションで、仕事における「最強の論理」というテーマで次のように述べています。

よい仕事をするための起点は、何と言っても、その仕事を「好きだ」ということです。傍から見ると大変努力しているように見えるけれど、本人にとっては、それは娯楽に等しくて、継続的に無意識の練磨をしているようなものなのです。だから「頑張っている」のではなく、「凝っている」のです。そうすると、どんどん上達します。やがて、余人を持って代えがたいその道のプロになっていき、多くの人の役に立つ成果を生み出すようになります。そうなると、ますます好きになり、楽しんで取り組むようになります。これが「好きこそものの上手なれ」

というよい仕事をしていくうえでの「最強の論理」となるのです。要するに「好きな仕事に負けはない」ということです。

さて、人生100年時代には、「好きな仕事」と「ウェルビーイング」を求めて、選択と挑戦の機会が増えます。これまでの人生では、1つの山の頂上を目指す富士山型の目標設定でした。しかし、今後は人生の所有時間が大幅に増えるので、1つの登山を修了したら、「次はどの山を登ろうかな」という八ヶ岳連峰型の挑戦目標を持つ時代になります。

ライフシフト・ジャパン取締役ライフシフト研究所長の豊田義博さんは、ドリームインスティテュートのセッションで、人生100年時代になると、多くの人たちのキャリア設計は次の図のように、これまでの3ステージモデルからマルチステージモデルに移行していくと説明しています。とてもわかりやすい表現ですね。

Z世代の多くの若者たちは、このイメージで自分のキャリアを考え、行動に移していきます。大人世代と異なり、昭和の職業観や仕事観を引きずっていません。

従来の属性を軸とした画一的な人事管理を超えて、一人ひとりが「どこに熱い想いが

「3ステージ」モデルから「マルチ・ステージ」モデルへ

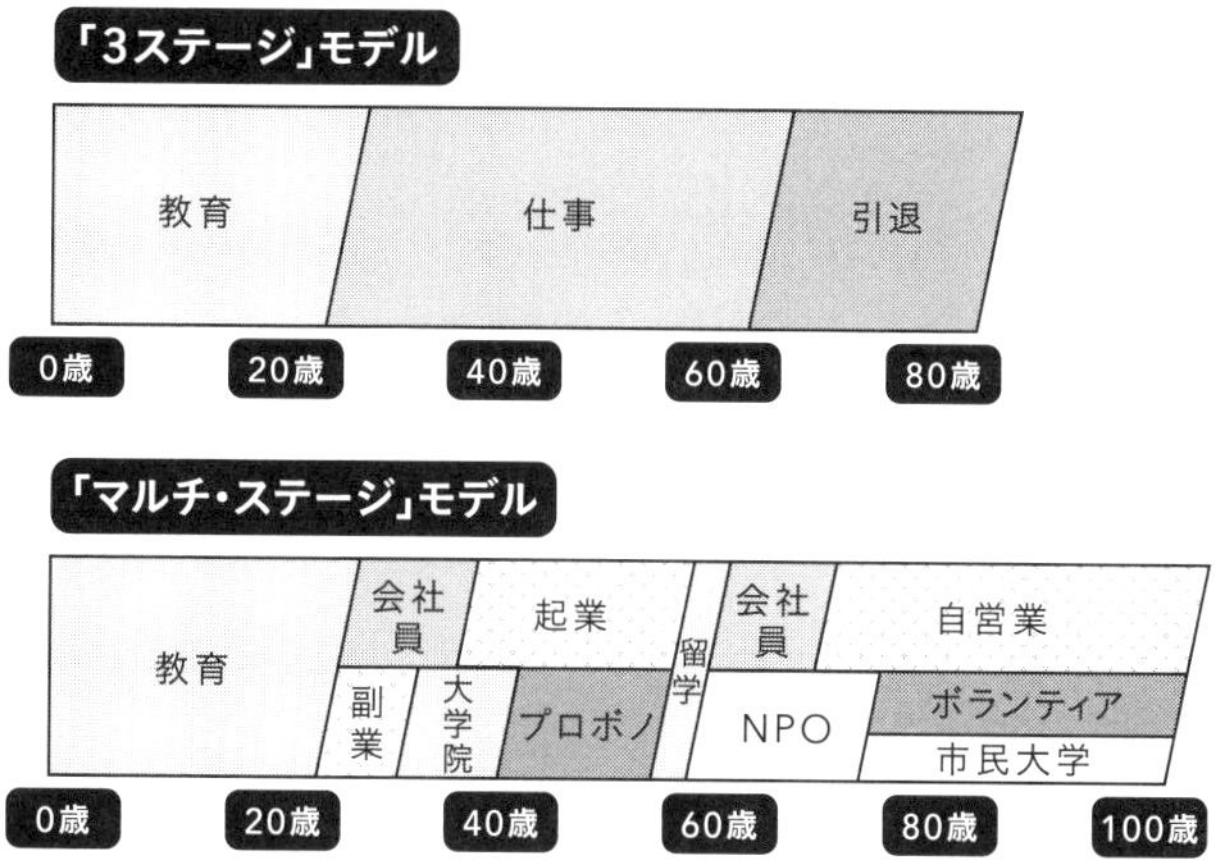

出典:ライフシフト・ジャパン

あるのか」「何が好きなのか」「どのようなウェルビーイングを実現したいのか」「どんなポテンシャルがあるのか」を把握することが、今後ますます重要になります。個人の特徴を把握し、最適なチーム編成をおこない、能力や個性を最大発揮してもらうことで、組織全体のパワーを最大化し、生産性を飛躍的に向上させることや独自価値を生み出すことにつながるからです。「動画」なども活用して、可能な限り本人の「人となり」や「想い」や「タレント性」をリアルに把握することが大切です。

いずれにしても、選択と挑戦を繰り返しながら社内外にわたるキャリア開発をする時代になったので、定期的にキャリアについて自分自身で考える機会や会社と個人で確認する機会を設けることが必要になります。

キャリア開発は、まずは本人が正しく自己認識することがベースになります。

私たちはキャリア開発について、自分自身で考えてもらう自己実現のプログラムを実施しています。まずは、自分自身と真正面から向き合って、「本当は何がしたいのか」「何が得意なのか」「周囲の人たちからは何を期待されているのか」というキャリア開発の前提になることを自己認識してもらいます。ところが、自分自身のことって、わかっているようで案外わかっていないものなのです。自分だけで考えていても悶々としてしまい、何がしたいのか、何が得意なのか、本当は何を求められているのかの答えが出せず、自己認識にはなかなか至らないのです。ところが、ファシリテーターと1対1でキャリアミーティングをしたり、ワークショップで何人かで話し合ったりしているうちに、自分の想いが確認できて、「自分のことが改めてよくわかった」ということになります。いろいろな人たちの想いや個性を知ることによって、自分の特徴が再認識できるからです。また、「そうか、自分はこの分野では周囲からこんなに期待されていたのだな」と、改めて自分が置かれている状況や仕事の意義を客観的に認識できるからです。このように、多くの場合、他者が自己認識のきっかけをつくってくれます。そのうえで、自分自身を深く見つめていけば正しい自己認識ができるのです。

経営やマーケティングに置き換えると、企業の外から中を見る「アウト・オブ・ボックスの視点」がこれに相当します。「この会社の強みは？　弱みは？　特徴は？」と問われても、お客様の声や他企業との比較がないと答えられません。企業内部の思い込みだけで勝手に決めつけると、将来を誤らせることになりかねません。越境し、会社の外から中を見つめ直すことで、はじめて自社の独自価値や課題が見えてくるのです。

会社の発展に最も貢献してくれるステークホルダーが社員です。一人ひとりの社員が社内で頑張るにしても、転職によるキャリア開発を考えているにしても、経営者側は、キャリアについて深く考え、最適な選択をする機会を提供し、チャレンジをバックアップする「太っ腹な経営」をすることが重要です。

社員一人ひとりが夢を語り、前に進む仕事観を持ち、経営陣はもっともっと人事の柔軟性を高める仕組みを導入し、みんなでウェルビーイングの実現を目指す経営へと舵を切ることが重要です。そうなった時に、次世代リーダーが加速度的に育ち、ＶＵＣＡの時代を乗り切る経営力を獲得できるものと確信します。

「人生の主役は私！」です。「人に幸せを運ぶのも私！」です。誰かのために問題を解決して感謝される仕事をすることが自己実現につながるという「ウェルビーイングな仕事観」を持って、すべての人がチャレンジすることを願っています。

おわりに

「社会の人事部」をビジネスに

私は社会の人事部という協働パートナー事業を人材育成の分野からスタートしたいと思い、２００１年にキャリアオンという西武百貨店１００％出資の人材育成会社を立ち上げました。今でいう社内起業のようなものです。この試みはうまくいき、事業は軌道に乗りましたが、私にとっては「好事魔多し」とでも言いますか、西武百貨店とそごうが合併していく過程で、グループ会社の組織再編があり、この会社を続けることができなくなってしまいました。どうしても「社会の人事部」をビジネスにしたかった私は退社を決断します。

いろいろな人たちに相談すると、「あなたは人事のことに精通しているし、人事分野であなたを求めてくれる会社はたくさんあると思いますよ」と一般企業への転職を勧められました。しかし、私には、どうしても「社会の人事部」をビジネスにしたいという熱い想いがありました。この本のキーワードである「仕事観」が私の中では、すでに確固たるものとして確立していたのです。

運命とは面白いものです。退社する直前に「社会の人事部ビジネス」のコンセプトに共感してくれる企業グループのオーナーが現れて、「あなたに投資します」と言っていただき、「社会の人事部ビジネス」を起こすことができました。おかげさまで、長年培ってきたノウハウを活用しながら、企業の人事部の協働パートナーとして、たくさんの業界・企業・公共機関とコラボレーションさせていただくことができました。そして、各クライアントの人材育成や組織改革に貢献したことによって、現在のドリームインスティテュートの起業に結びつけることができたのです。

人生の主役は私　幸せを運ぶのも私

今、注目されている「人的資本経営」の柱となるテーマは、何と言っても、個人一人ひとりがどのような仕事観を持って高い目標に向かい、主体的にチャレンジするかということです。一人ひとりが自律的エンジンを持って自分の未来を切り拓いていく「全員人事部長の時代」になりました。

いい仕事をして自己実現したいという欲求と、誰かのために貢献したいという欲求を同時に満たせる素敵な仕事観を一刻も早く確立できるようチャレンジし続けてください。

この著書の制作に当たっては、たくさんの方々にお力添えをいただきました。

今般ウェルビーイング入門講座を執筆していただいたアズナチュラル代表取締役でドリームインスティテュート戦略アドバイザーの本郷靖子さん、マインド・ストレッチ・セッションの協働パートナーとして長年にわたりお力添えいただいている楠木建さん、藤川佳則さん、大薗恵美さんをはじめとする一橋ビジネススクールの教授陣の皆様。

日本能率協会マネジメントセンター代表取締役社長の張士洛さん、リクルートワークス研究所主任研究員の古屋星斗さん、ライフシフト・ジャパン取締役の豊田義博さん、ワンプラネット・カフェ代表のエクベリ聡子さんとペオ・エクベリさん、ホールアース自然学校代表理事の山崎宏さん、若者マーケティング集団ライフスタイル探検隊リーダー望月祐佳さんと駒ヶ峯誉さんをはじめ探検隊メンバーの皆様。Z世代を代表する起業家Ｏｓｈｉｃｏｃｏ代表取締役多田夏帆さん。

心に訴える動画制作等により、ビジュアル表現を重視する私たちを支援していただいているクリエイティブディレクターの伊藤祐規さん・渡辺太朗さん。

西武百貨店時代を振り返るに当たり貴重なデータを提供いただいたそごう・西武執行役員人事部長手塚徹さん、同じく、そごう・西武労働同組合執行委員長寺岡泰博さん。

そして、私たちの価値観の原点となる視座と専門ノウハウを与えていただき、長年にわたりご支援いただいているハーバードビジネススクール特任教授および国際基督教大学理事長の竹内弘高さん、コーンフェリー・シニアクライアントパートナーでウォートンスクール理事の綱島邦夫さん、NPO情報・研修センター代表の世古一穂さん。

皆様にはたくさんの知恵やヒントを頂戴し、心から感謝申し上げます。

また、常日頃ドリームインスティテュートのセッションに受講生を派遣していただいているクライアント企業の皆様には、この場を借りまして、改めて心から御礼申し上げます。研修現場での受講生との接点こそが、この著書の原点であり、執筆する時のエンジンになっています。

そして、今般の著書制作で多大なご指導をいただいた村尾純司さん・浅野目七重さんをはじめとするディスカヴァー・トゥエンティワンの皆様、ドリームインスティテュートのオペレーションを支えると同時に執筆を陰で支えてくれたチーフコーディネーターの松本英美さんに心から感謝申し上げます。

最後になりますが、この著書が皆様のウェルビーイングの実現に少しでも貢献できましたら幸いです。

2024年3月　上野和夫

WAKE-UP CALL
次世代リーダーの「仕事観」革命

発行日　2024年3月22日　第1刷

Author　上野和夫
Book Designer　松山千尋／装丁・本文デザイン・作図
辻井知／本文DTP

発行　ディスカヴァービジネスパブリッシング
発売　株式会社ディスカヴァー・トゥエンティワン
〒102-0093　東京都千代田区平河町2-16-1 平河町森タワー 11F
TEL 03-3237-8321(代表)　03-3237-8345(営業)　FAX 03-3237-8323
https://d21.co.jp/

Publisher　谷口奈緒美
Editor　村尾純司　浅野目七重

Distribution Company
飯田智樹　古矢薫　山中麻吏　佐藤昌幸　青木翔平　磯部隆　小田木もも　廣内悠理　松ノ下直輝
山田諭志　鈴木雄大　藤井多穂子　伊藤香　鈴木洋子

Online Store & Rights Company
川島理　庄司知世　杉田彰子　阿知波淳平　王廳　大﨑双葉　近江花渚　仙田彩歌　滝口景太郎
田山礼真　宮田有利子　三輪真也　古川菜津子　中島美保　厚見アレックス太郎　石橋佐知子
金野美穂　陳鋭　西村亜希子

Product Management Company
大山聡子　大竹朝子　藤田浩芳　三谷祐一　小関勝則　千葉正幸　伊東佑真　榎本明日香　大田原恵美
小石亜季　野﨑竜海　野中保奈美　野村美空　橋本莉奈　原典宏　星野悠果　牧野類　村尾純司
安永姫菜　斎藤悠人　浅野目七重　神日登美　波塚みなみ　林佳菜

Digital Solution & Production Company
大星多聞　中島俊平　馮東平　森谷真一　青木涼馬　宇賀神実　小野航平　佐藤淳基　舘瑞恵
津野主揮　中西花　西川なつか　林秀樹　林秀規　元木優子　福田章平　小山怜那　千葉潤子
藤井かおり　町田加奈子

Headquarters
蛯原昇　田中亜紀　井筒浩　井上竜之介　奥田千晶　久保裕子　副島杏南　福永友紀　八木眸
池田望　齋藤朋子　高原未来子　俵敬子　宮下祥子　伊藤由美　丸山香織

Proofreader　小宮雄介
Printing　日経印刷株式会社

ISBN 978-4-910286-45-7
WAKE-UP CALL JISEDAI LERDER NO SHIGOTOKAN KAKUMEI by Kazuo Ueno